絶対に諦めない！

ないものだらけのシングルマザーの復活劇

森本レイラ 著

セルバ出版

はじめに

不幸自慢は嫌いだけど、少しだけ私の話をします。

シングルマザーの私は頼れる人も周りになく、食べ盛りの子ども4人と実母との6人で、都内の一戸建て（私が単独で購入した新築35年ローンつき）で暮らしています。高卒の私は、学歴もお金も時間もない、ないないないないのスリーカード。正にこれといった取り柄もなく、「無」そのものの人生を送ってきました。

結婚しては離婚、結婚しては離婚と、どちらもそれぞれ2回ずつ経験しました。言わば、その道のエキスパートでもあります（笑）。

頼れる夫はいなくとも、独りで経済的自立を目指し、会社員として早朝から夜遅くまで家族のため（当時はそのように自分を奮い立たせていました）に働き、毎日笑いの絶えない家庭で日々楽しく暮らしておりました。

ですが、度重なる疲労が過労となり、それがだんだんと蓄積され身体を蝕み、ついには誰もが予想していたとおりに見事に倒れてしまいました。

そんな経験を経た今、私は次のことを知った一端の主婦となりました。

○元気の前借りほど怖いものはなく、確実にツケが回ってくることを私は知っています。

○評価してくれない会社に尽くすのは、ダメな男に尽くすよりタチが悪いことだと知っています。

○やっぱりトイレ掃除は基本のキ。「トイレの神様」は存在するし、確実に運気を上げるためにはトイレの神様とも仲良くすることが大事だと知っています。

○周りの人は口は出しても助けてはくれないし、勿論責任を取るようなことなんて絶対にしないことを知っています。

○いつか王子様が来ると信じて待っていても王子様が迎えに来ることなどないですし、むしろ自らが誰かの守護天使になるほうが、ずっと早いし現実的だということだって知っています。

ただ1つ私が違ったのは、私が凄まじい程の楽天家で失敗を失敗とも思わない強靭なメンタルの持ち主であり、かつ、その人生においてとてもドラマチックな出来事を多く引き寄せるスーパー引き寄せ体質であったこと（よく言えばそう。悪く言えば、波乱万丈でネタの宝庫）だったのです。

最近のホットな話題を言いますと……夜なべして練りに練った仕事のアイデアを根こそ

ぎごっそりと取られてしまった、挙句に頼みの綱であった梯子を外されたりです。このほか過労死寸前となり、病気療養中だったある日、知らない間に無職（解雇?!）になっていて、その事実を随分後になってから知らされたことですとか、それに付随しタイミング悪く子どもの入院中に突然健保組合に保険証の解約をされたことですとか、挙げていくと際限なく挙がりそうで何とも自分でも怖くなる不幸な出来事の見事なまでのオンパレード（笑）。その裏ではちゃっかりミセスコンテストのファイナリストになっていたり、夢だった本の出版を現実にしたり、いいこともありました。

こんな風に、「まさか！」と叫んでしまうような嘘みたいな本当のお話が現実社会で盛りだくさん。おかげで日々の話題に事欠かない私なのですが、少しは皆さまの興味を唆る（そそる）ことができましたでしょうか？

本書を奇跡的に手に取ってくださったあなたを、少しでも現実世界の窮屈さから解放するお手伝いができたり、この人に比べたらまだ自分の人生の山あり谷ありはは全然マシだと思って笑ってもらったり、少しでも前向きな気持ちになっていただければ私は心底嬉しいです。

執筆にあたり、ほんの少しでもあなたを元気づけたり、無自覚に頑張り過ぎてしまうあなたに『頑張りすぎなくても大丈夫だよ』と言ってあげられる存在になりたいと思い、私は本書を書きました。我慢ばかりして「誰かのよい子」になるのではなく、時には自分を優先してあげてもいいのです。

人生はまだまだこれから。たくさん笑ってたくさん楽しみましょう。

森本　レイラ

2021年6月

絶対に諦めない！　ないものだらけのシングルマザーの復活劇　目次

第2章　仕事の変

第3章　帰宅時の変

第4章　人間関係の遍

第5章　習慣の辺

第1章　出勤前の編

1　早起きを三文の徳以上に

ベッドから起きる時間を特別なものに

毎朝、私はただベッドから起きるのではもったいないので、今日絶対にこうなる未来（絶対外れることのないインチキ予想）を頭に描き、プチ預言者な自分を楽しみます。

例えば、次のような感じです。

○今日家を出て直ぐマスクをしている人とすれ違う。
○電柱を４本以上見る。
○今日私はモンブランの美味しいお店の検索をする等々。

自分が知っているハズレない、ハズレる訳のない予想をします。

ここで重要なのは、『絶対に』当たる予想にしておくことと、当たれば素直に喜ぶことです。

あくまでわかりやすく気分を上げることを目的としているので、インチキで全然構いません。なぜそんなことをするのかというと、自分自身にプチハッピーになるきっかけを与えたいからなのです。

これが意外と（言わばできレースなんですが）自らのつくった自分に都合のよいルールが小さなきっかけとなり、ほんの少し自分の気持ちを高揚させるための魔法となったりするんです。

私たちは生まれながらに魔法使い

そう。ここだけの話……実は私たちは、生まれながらに魔法使いなのだと思うのです。

誰かの優しい言葉に触れると、癒されたり元気づけられ心がポカポカしてきます。また幸せな気持ちは、笑っている人を見ると自分もつられて笑ってしまうのと一緒で伝染しますし、その魔法は放っておいても連鎖していきます。

今日１日が楽しくなりそうな予感がするだけで、億劫な朝の身支度が不思議と楽しい時間に切り替わります。わかりやすく見え透いたお世辞でも「綺麗」だとか、「美人だね」「可愛いね」なんて言われたら、「そんなことない」と否定しつつも「嫌じゃない」から少しはにかんで、内心では密かに喜ぶこともあるでしょう。

単純だけど、人生も同じできっとそのようなものだと思うのです。ほんの少しだけ誰にも迷惑を掛けないズルをして、気分を高揚させるくらい実は雑作もないことで、大切なのは上手に自分自身の気分をコントロールすること。そして今日も何事にも貪欲で、素直な私をつくります。

朝の時間を有効にさえ使えれば、外側の身支度だけではなく内面の気持ちの準備までもでき、毎日安定してご機嫌でいられます。だから早起きを三文以上の徳にすることも十分可能だと私は思います。頑張って早起きして、朝の時間を有効活用しましょう。

ちなみにそんな私は、朝が大の苦手です。

2　毎日同じ時間に起きるのは

毎日同じ時間に起き体調の変化に敏感な私になる

毎日同じ時間に起きるのは、同条件下での体調管理と自分自身のコンディション確認を欠かさない私なりの企業努力です。

基本的に、地球にもすべての生きとし生けるものにも優しくありたいはずの私が、自分の肉体を蝕むべく不健康な生活を送る訳にはいきません。そこは単に健全な精神を健全な肉体に宿らせるための1つのよい習慣づけとも言えるかもしれません。

私にとっての起床行為は新たな1日を迎えるための神聖な儀式でもあります。これからの人生で「今この瞬間の私が一番若い日」でもあるので、より若くて元気な私がよりよいスタートを切るための努力は欠かしません。

また体調管理の面でも自分自身が体調の変化を知るため、同じ時刻に起きその時間の平均計測値（体重や血圧、基礎体温など）を知っておくことが必要だと考えています。習慣化してくるとアラームがなくても、大体同じ時間に目覚めることができるようになります。

これは、もしかしたら人間に元々備わっていた機能が、きちんと正しく働いていてくれているからこそ、不思議と同じ時刻に目覚められる習慣が付いてくるのかもしれないとも思っています。

文明が発達し、電気も不自由なく使えるようになり私たちは、夜でも明るい光の下で活動できるようになりましたが、人間の身体は元来太陽と共に目覚め、月明かりと共に就寝するようにプログラミングされているように私は感じます。ですので、私は私の感じたまま、朝起き夜眠るようにしています。

感じ方はもちろん人それぞれですので、各々が心地よいと感じる過ごし方ができるよう模索されることをオススメします。

私は100人いれば、100通りのやり方があってよいと考えています。たまたま私の場合は朝起きるようにしていますが、夜起きて朝寝る人がいてもちろんよいと思います。

世界は広く、世の中には沢山の方がいて、うまく調和を取り合いながら共存して生きている。それが何より素敵なことだと私は考えます。

3　鏡の前の自分に、まずはおはようと朝一番の笑顔を

朝一番の笑顔で自分自身と向き合う時間をつくる

私たちは、皆違います。そんな唯一無二、世界でたった1人の私ときちんと向き合う時間を、私は大切にしています。

私たちは、普段何気なく慌ただしく1日をやり過ごしていますが、1日とて全く同じ日なんてありません。似ているようで、でも少しずつ違います。

よい日があって、悪い日もあってそれでよいのです。よい日があるから悪い日が『今日はツイてなかったね』になるし、悪い日があるからこそ逆に『今日がラッキー』な日にな

ります。そんなよい日も悪い日も常に私に寄り添って居てくれる存在、それは実は私（自分自身）です。

意外と皆忘れがちですが、実はこの自分自身こそが自分の最高のパートナーなのです。ですので、私は自分自身が常にご機嫌でいられるよう努力しています。

まずは朝起きたら、すぐに今日１日を一緒に乗り切ってくれる『私』へとびきりの笑顔で挨拶をしましょう。こうして私は何気ない朝を特別な１日へと変える努力をしています。

慣れてくるとわかるのですが、この何気ない努力が日々の自分をほんの少しずつ成長させてくれるきっかけとなるのだと私は思っています。朝起きてすぐ洗顔して、表情のチェックと肌の色、状態から自分のコンディションの確認をします。

食生活や暴飲暴食、睡眠不足は直ぐ顔に出ますので、入念にチェックしていつでも自分自身が自分で納得のできる状態に保ちましょう。

お肌が綺麗だとそれだけで女性も男性もとても美しくはつらつとした印象に見えます。このときに併せて姿勢のチェックも忘れずにしておきましょう！　姿勢が前かがみになり、猫背の状態では気分が沈んでしまいます。胸を張った元気な鬱《うつ》はいません。どんなときも姿勢よく。

4　自家製炭酸ドリンクでエナジーチャージ

1杯の自分のためだけのスペシャルドリンクでヤル気スイッチをON

私は人生をより楽しみたい側の人間です。毎日同じだとつまらないので、ルーティンなどと言うものは本来嫌いです。ただし、身体のメンテナンスとケアに関しては全く別です。私はブランド品を身に纏《まと》わない代わりに、私自身のこの身体にとても時間とお金と手間をかけています。それは、健康に関しても美容に関しても然りです。

特に飲食する行為は、自分の血肉となるものを外から身体の中に取り入れるとても重要な行為でもあるので、もちろんこの朝一番のスペシャルドリンクに辿り着くまでも随分と気を遣い試行錯誤し、様々なものを試してきました。

ティースプーン2分の1杯ずつの食用の重曹とクエン酸＋レモンの搾り汁、もしくはレモン汁の代わりに自家製のレモン酢のときもあります。

フレッシュなレモンとレモン酢の両方を常にストックしていれば、そのときの気分によって変えられるので、私は冷蔵庫に両方を常備しています。常温のお水でいただくのも美味しいのだけれど、お湯で割って飲むのが私のオススメです。

汗をかく季節には、これに天然塩（自然塩）を加えたりして季節ごとに微調整しながら毎日美味しくいただいています。私は、この自分だけのスペシャルドリンクで日々のユナジーチャージを行うのと同時に、身体の中から綺麗を目指しています。

私がこのドリンクに落ち着いてから数年以上経過していますが、以来風邪知らずの健康体そのものです。

旅行先にも必ず持参するくらいのこだわりようで、これからも当面の間は続けていく予定にしていますが、「研究なくして発展なし」、これからもよいものに出会えれば随時取り入れ、試してみては［より自分の身体に合うもの］を取り入れていきたいと思っています。

5　大好きなのは日光浴

松果体で太陽を感じて

朝は、やっぱりしっかりと日光浴がしたいとて、4児の母となれば朝の時間は戦場です。子育て中は、予測できないことが起こるものです。時間が幾らあっても足りませんし、正直自分のための時間なんて大抵ないのが当たり前です。時間がなければ、日光浴を優雅にする時間なんてもちろんありませんよね？

それでも短時間でもよいからちゃんと太陽を浴びたい私は、ほんの少しでもよいので、意地でも時間をつくっては身体全体でお日様を感じ、お日様の光を浴びることにより体内時計がキチンと機能するための調整を行います。

時間は不思議なもので、足りないと思えば足りない使い方をしてしまうし、少ない時間でも「まだこんなにもある」と思えば時間をたっぷり無駄なく使い切れるよう、上手に時間配分ができるものだと思うのです。

最初から無理だと諦めず、日々の動線を無駄のないものにし、ほんの少しだけ「自分のためだけ」の日光浴時間をつくります。起床後、カーテンを開けたそのときでも、洗濯物を干した後の一時でも自分のために時間をつくることが大事なのです。

額に太陽を浴び鳥の囀りや自然の音に触れると、1日の生活リズムを調節するホルモンやメラトニンを分泌することで知られる松果体が活性化されてくるような気がします。

人間も所詮は生き物であり、動物ですから本能に従い行動できるように、また直感力を高められるようにメンテナンスをしてあげること——これもまた朝の素敵な儀式の１つです。

太陽に向かって瞳を瞑《つむ》り立っていると、温かなオレンジ色の明るい光が瞼の裏で感じられます。たとえ一瞬でも、この何とも言えない暖かさや柔らかい自然の光を感じられることに日々感謝し、喜びを感じられる「余裕」を持っていたいです。

気持ちや時間の使い方によっては、どんな場所でだってこんな風に平和に迎えられる朝があるのですから、これからも穏やかな気持ちで朝の慌ただしい時間をも過ごしていきたいと私は思います。

6　気分が曇った日には

気分が曇った日には、気分の上がる明るい色のお洋服でお出掛け

本当に不思議だと思うのが、身につけている色が明るくなるだけで、何となく気分が自然と上がったりするのです。

鏡に写った自分の姿が明るい色に包まれているのを見れば、気分が何となくでも少し高揚します。印象は視覚から入るので、明るい色を見て視覚に訴えかけることにより、気分を効果的に明るい気持ちにさせることができます。逆に落ち着いた場所へ行くときには、あらかじめ暗めな服を着て気分を落ち着かせてみることができます。色には身に着ける色により、気分のコントロールができたり、色のもたらす雰囲気やイメージから感情などを喚起させせりする効果があると一般的に言われています。

このような人間の特性を活かして、私は視野に入るものは極力明るい色のもので統一するように心がけています。子育てをしていく上でも、子ども達には常に様々な色に囲まれて生活させたいと考えており、これまでも実践してまいりました。

その甲斐もあってか、我が家の子どもたちの描く絵はいつもとてもカラフルで、親バカですが観ているこちらが元気が出るものばかりです。

色の効果で補足しますと、私は集中力が低下しているときは、落ち着いた色の照明にして気が散らないように、華美な色の物は一度片づけます。お出かけが億劫なときには、大好きな色に囲まれて出かけるようにしています。

そうすることにより家を出るまでは、腰が重くても好きな色の靴とお洋服で外出するとき、単純な私はすぐに色の効果で気持ちがパッと自然に切り替わる様が体感できます。

お出かけはやっぱり楽しいほうがよいですから、無理はしないように、でも正しく楽しめるよう、いつだって気分をあげる努力はしています。

7　ズル休みのススメ

ズル休みの天才になる

大きな声では言えませんが、私はズル休みの天才です。もしかしたらそれは幼い頃から本能として備わっていたのかもしれない才能だと私は自負しています。

とは言っても、今でこそ自由に過ごしている私ですが、一時はその才能を開花することなく過ごしました。「見た目が不適切」と言われ、「前任者の不祥事の濡れ衣を着せられた」ということもあります。当時の勤め先では昼休憩も取れず、休日もろくに取得できず、朝から晩まで激務に追われた過去だってあります。

終電を逃したＯＬ時代、乳飲み子を自宅で実母に預け実費でビジネスホテルに宿泊したり、薄給のためにタクシー代が出せず、体力のある日には何時間もかけ歩いて自宅まで帰ったりすることもありました。

自分で言うのも何ですが、よくもまあその過酷な状況下で、本当によく頑張りました。でも悲しいかな、このときの頑張りは、評価されることなくすべて無駄に終わりました。

そこで私は学びました。無理させるだけ無理強いをし、『評価するする詐欺』をして、倒れたら使えない駒を処分するような会社のこれまでの行為は、《どんなに尽くしても愛してくれない人に尽くし続けることよりもずっとタチが悪い》と言えることを身をもって経験しました。

人生の経験値だけが爆上がりしても、それはそれです。いつまでも無理が効くと思っていても、そのときはたまたま元気の前借りができていただけで、所詮無理なものは無理なんです。

決して長くは続きませんし、体力も持ちません。身体は限界を迎え、悲鳴をあげることもありますし、突然これまでのようにはいかなくなることも十分あり得るんです。

だからやっぱり私は、疲れたらちゃんと休みますし、「誰かがこう言うからこうしよう」と自分軸を他人に委ねたりもしません。気分が塞ぎそうなときには自分が心地よいと感じられることに注力し、気の向くままに過ごします。

私をハッピーにするのはあくまで私ですし、他の誰でもなく「私の機嫌は私がとります」。

8　ひと駅手前で降りられる時間と心に余裕を

心にゆとりある生活を

私は常にゆとりを感じていたいので、普段から目的地のひと駅手前で降りてお散歩しながら、会社や待ち合わせ場所へ行くのが好きです。

特に打ち合わせで初めての場所へ行くときには、心のワクワクが止まりません。時折、道に迷うこともあるのですが……それすら楽しくて仕方ないのです。

この日々のちょっとした出来事にドキドキとワクワクがあるか否かで私は、人生は幾らでも楽しめますし、心も豊かになると信じています。

この些細な感情の動きや時折訪れるハラハラまでのそのすべてを腰を据えて心から楽しめること、これこそが「余裕」だと私は思っています。

余裕のない人は、側《はた》で見ていても何処かギスギスして見えます。イライラしているのが伝わってきたり、話も聞かず結論を急がせたり、自分の個人的な主観で頭から決めつけたりします。同じ空間にいると、その余裕のなさがこちらに伝わってくることにより、居心地が悪くなったり、何か落ち着かなかったりと、一緒に誰かと過ごすことで通常得られる幸福感や安心感、満足感や充足感などといった私がハッピーになれる要素が1つも見当たりません。

そういった方と出会ったときには、申し訳ないのですが、その方に反面教師になってもらい別の角度から人生をより輝かせるヒントを学ばせていただいています。それゆえに、このような方にも、そうでない方と同様に感謝の気持ちで接しています。

私の人生において、無駄な出会いなど1つもありません。いただいた出会いを無駄なものへと変えてしまうのも、有意義なものへと変えていくのもすべてはこの私の裁量です。

すべての出会いやせっかくのご縁を決して無駄にしたりはしません。

ただし、可能性を加味し熟考した上で、未来へと繋ぐか終えるかの判別は行います。

9　朝ごはんはルーティンでも大丈夫

朝食の拘りは棄てる

よく朝食に拘っている方をお見かけするのですが、本当に羨ましいです。私も本音では朝食に拘りたい気持ちもあるのですが、家族が多いとそれぞれに拘りが出てきてそのリクエストすべてに完璧に答えるのは正直無理です。なので、私は朝食だけはほぼルーティン化するようにしています。

元々、自分の身体が欲しているものであれば、毎日でも同じものが食べられるタイプですので、その特性を活かし上手く手を抜けるところは抜くようにしています。

まずはじめに、これを家庭内で「手抜き」ではなく「工夫」と言える環境づくりが大事です。その工夫の中でももちろん栄養バランスですとか、旬のものを取り入れた献立にすることにより周囲に手を抜くだけでなく、身体のことを考えていると思わせる最低限の気配りは必要だと思っています。

手の込んだもの以外は美味しくないなんて私の辞書にはありませんが、簡単に済ませられるものばかりにするつもりもありません。つまるところ一番大切にしたい最後の調味料は、『美味しいね』と言い合える空間づくりです。

いつも頑張って肩肘張って「緊張の糸がぴーん」と張り詰めっぱなしの余裕もない大人ではなく、少しくらい抜けたところをつくっておき、敢えて見せることも大事な教育だと私は思っています。また子どもたちにとって自然とリラックスできるゆる〜い空間を演出し、提供することもとても大切な私たち大人の役目だと思っています。

当たり前すぎてわからなくなりがちなのは、手を抜きっぱなしでも駄目だし、頑張り過ぎても駄目だということ。大事なのは、両者のバランスなんだと思います。

きっと今これを読みながら私の知人の中で「神バランスの男」の異名を誇るイハラシュウジさんは「そうだよ〜」と笑顔で頷いていることでしょう。

実はこの「バランス感覚」を培う環境づくりはこの世界を生き抜くうえでとても重要だし必要なことだと私は思っています。よく食べ物にしても何にしても（一番多いのは健康食品やダイエット）、流行によって「これ以外はダメ」だとか「これじゃなきゃダメ」だとかを耳にしますが、その気持ちをまったく理解できないというわけではないですが、それにより栄養バランスであったり、考えが偏ったりすることはよくないと思っています。

これはすべてのことに共通しており、他（自分以外のもの）を受け入れる余裕と繋がっていると思います。自分の中での常識を知らない人がいて、それを遅れているとか意識が低いと優越感に浸り否定することもまた違います。

結局のところ、考え方もすべて「みんな違ってそれでいい」に尽きると思っています。

第2章　仕事の変

1　仕事中は女優になる

仕事中は別人格の自分を起動させる

会社勤めしていたときに限らず、私は仕事中に限り別人格（設定）になります。これは俯瞰して物事を捉えられるように、常に自分を客観視することで身の回りに起きていることと全体を把握するのにとても役立ちます。

例えば、目の前に水の入ったコップがあるとします。それに注目している間は、それしか目に入らないでしょうが、その画面（視野）を少し広げてみるとコップの置かれている机が見えたり、実は奥には窓が見えていたりと視点を変え視野を広げることにより見えてくるものが意外と多くなることに驚きます。

ですので、私は仕事中努めて俯瞰を心掛けています。それは今まで見えなかった部分にも目や気を配ることにより、仕事の動線や自分の役割が明確に見えてくるからです。そうなることで仕事の効率は格段と上がりますが、会社勤めの人には私はあまりオススメしません。

なぜなら私の経験上、同じお給料なら時間を掛けてゆっくり仕事をする人のほうが、一般的な会社の場合、残業代も出ますし、何倍も得をすることがあるからです。

ちなみに生真面目な私は、自分のお給料以上の働きをするのが当然だと認識していたので、勤務時間内に目いっぱいたくさんの業務を捌いていたところ、それを見ていた方々がそれぞれに捌き切れない自分の仕事を私に押し付けるようになり、勤務時間内外を問わず、業務量が嵩《かさ》み全く休めなくなりました。

元々責任感の強かった私は、仕事の向こう側の顧客の皆さまの顔を想像しながら、対応やそのすべてにまつわる業務を「決して放置することなく完結すること」に努めておりましたので、精一杯仕事をしすぎたその結果、やっぱり過労で倒れてしまいました。

不思議だったのは皆、定時を過ぎると業務処理の速い私のところに来て「時間ギリギリだから今日中に入力してほしい」と言っては書類を渡して退社していくのです。皆自分一人くらいよいだろうという甘えがあったのか、最初は１人、１人が２人、３人４人……といった感じであっという間にその仕事量は、雪だるま式に増えていきました。

後に、休職中に連れて行かれた労働基準監督署の相談員の方に、それが「いじめ」だと指摘されるまで、本当に全く気づきませんでした。目の前の業務を処理するのに必死で、他のことを考える余裕がなかったのだと思います。

衝撃的な事実を知る

優しい相談員の方は、次のことを教えてくれました。

「定時後に書類を渡し、業務依頼しておきながら自分だけ退社して、貴女を定時に帰らせなかったり、お昼の休憩時間にわざわざ貴女に仕事を任せ、お昼の間に仕事を完結させる指示を出し、休憩を取らせない行為。これはね、私もはっきり言いますけれどもね、いじめとして立派に成立していますよ。いじめられている自覚がなくてよかったね。自覚があったら死んでたよ。辛くて」

衝撃的な事実を会って割とすぐに告げられた私は、驚きで身体の震えが止まりませんでした。でも、その後そんな私に追い討ちをかけるような出来事が起こりました。

それは帰宅してすぐのことです。私は家族を集め、この一連のやり取りを話し、「会社でいじめられてたみたいなの……」と恥を忍んで打ち明けました。すると「え？　知ってましたけど」と全員（末娘の5歳児を除く）の返し！　これが揃いも揃って、それ以上に強烈だったのを今でも鮮明に覚えています。顔から火が吹き出すのではと思うほどに恥ずかしい出来事でした。

以来、末娘は面白がって私にことある毎「え？　知ってましたけど」と狙って返してくるようになりました。小さくても悪いやつです（笑）。

話を少し前に戻しますが、その当時の私は、とにかく顧客の皆さまのために1つでも多く対応を完結させることを最優先としていたので、そんな周囲の姑息な考えやズルさに全く気づくことができませんでした。

そこに意識を集中させていなかったから見えなかったのか、仕事を前に進ませるために敢えてフォーカスしなかっただけなのか、それとも単なる才能なのか……。何とも鈍感な私です。ですが、ここまで来ると、この「鈍感力」も悪いことばかりではないかもしれません。

受診した病院で医師に「もしも肉体だけでなく、精神までもが追い込まれていたら、確実に貴女は死んでいたことでしょう」と言われましたし、これが殺しても殺しにかかっても死なない女の正体です。絶対に諦めない私は、生きることを諦めず、持ち前の強靭なメンタルにすっかり助けられました。「もし本当に精神的な境地まで追い込まれていたのなら」と考えると、正直怖くなります。

ただ今私が言えること、頑張り過ぎはよくないですし、あなた1人が頑張らなくても大丈夫です。

皆自分が楽になりたいので、どうにかして人に押しつけてこようとしますが、大事なことなのでもう一度言います。

あなた1人が頑張らなくても大丈夫です。

2 会社はお金を稼ぐ場所、仲良しサークルの場にあらず

お友達ごっこが好きなひと

私が会社勤めをしていた頃、不思議でしかなかった周囲で垣間見られる「派閥争い」。もちろん興味が全くないものですから、私はどちらにも属すことはありませんでした。

しかしながら、たかだか業務上でのやり取りを見ていた人に「今、○○さんと話してたでしょ？　そっち派なの？」と聞かれたりとなかなかに不思議な安っぽい「白い巨塔」のような世界がそこにはたしかにありました。

お給料が発生している間、私は業務に従事するものとし、会社はお金を稼ぎに行く場所

と割り切っていました。

それをいい大人たちが揃いも揃って、個人的な付き合いがある訳でもない、挨拶程度の会話を交わす相手に関してでも口を挟んでくる、何とも不自然なまるでつくりもののような世界に私は全く馴染めず本当に苦労しました。

仲良し女の子グループのルール

もちろん仲良し女の子（初老を含む）グループにも属しませんでした。完全な一匹狼で無所属、群れない私に対しての風当たりは強く、会社の本社研修の際には、わざわざ本社の入っていない別フロアーのトイレにまで女子数名に呼び出されたこともありました。

同じ会社の社員同士ですので、無碍に扱う訳にもいきません。何より今どきの世にまるで化石のような希少な人種を見つけてしまったことに私の知的好奇心が刺激されましたので、本音では心踊らせながらホイホイと、でも表面上は仕方なく出向いているような雰囲気を醸し出しつつ、表情は怪訝そうに「何か御用ですか？」と私は訊ねました。

すると、それに応える形でそのうちの１人が口火を切り、「何？　調子に乗ってる？もしかして自分のこと可愛いとでも思ってんの？」と何ともレベルの低い質問（割と直球）

を投げ掛けてきました。

私は「キター！」と内心吹き出しそうになりながらも、ここは相手の設定に寄せて、※スチュワーデス物語（のバカでノロマな亀）風に「調子に乗ってるか乗ってないかと言われればハイ。乗ってます教官。そう見えるのならば恐らくそうだと思います教官。可愛いと思ってるのかどうかと聞かれれば、可愛いというよりはどちらかと言えば綺麗系だと思います。歳も歳なんで。以上です」と少しだけ悪ノリして言い返しました。

希望的観測から切り返しに「ヒロシ……」と言いながら手袋を口で外す仕草でもして、この世界観を一緒に広げてくれたのなら、少しは仲良くなれたかもしれないのに、ヒントも織り交ぜたつもりだったのですが（私よりお年は上のように見えたのに昭和に流行ったこのドラマに気づいてもらえなかったのが）、非常に残念でした。ガッカリです。

まるで鳩が豆鉄砲を食ったような表情をし、お湯で戻す前の乾燥しじみのような目を大きく見開いて、「ポカーン」と相手の女性陣はなぜか一言も発することなく、絶句でした。

私の返しが想定外の答えだったからなのか、それともただ単に呆れられたのか何にせよ今となっては不明ですが、私には無駄とも思えるこのような出来事も過去複数回に渡りありました。

同じ時間を過ごすのであれば、お互いが気持ちよく過ごせるように努めたいと思っておりますが、私はお友達ごっこをしに会社に行っている訳ではありませんでした。この人とは仲良くしてよいけど、この人とは話をしては駄目などといった子どもじみたルールに従うつもりは毛頭ありませんでした。その辺は皆いい大人ですので、ちゃんと理解してほしかったと今でも思っています。

仲良しグループに対し、それをよしと思ってやっている人がいることに関して文句を言うつもりは全くありませんが、私の経験上このような関係は上手くいっているときはよいものの、一度歯車が噛み合わなくなったときには「いじめ」に発展するパターンがほとんどだと私は懸念しています。

あらヤダ私ったら、また気が付かなかっただけで、私のこれらの出来事も見方によっては十分いじめに入るのかもしれません。

その際「女は顔じゃない中身が大事」とも言われたのですが、ふと気になりました。よく考えてみると、この言葉を一番最初に言い始めたのは容姿端麗な方だったのでしょうか？　実に、気になります。

現に、これを私に言った彼女は、お世辞にも容姿端麗なタイプの方ではありませんでした。残念ながら中身（人間性）も前述の一連の流れより伝わるかとは思われますが、私が察するに魅力的な内面をお持ちだと解釈することはできませんでした。

唯一もったいないと感じたのは、あのとき、せっかくのチャンスだったので、どうせなら「女は顔じゃない」と言い放たれた瞬間、顎を鷲掴みにし「この口が言うか？」と聞いてみるべきでした。現場からは以上です。

※スチュワーデス物語
（スチュワーデスものがたり）は、日本航空のスチュワーデス訓練生の成長を描いた1983年に放映された日本のテレビドラマ

3　辛いときこそ深呼吸

ネガティブはネガティブを引き寄せる磁石になる

これは意識の問題なのですが、ネガティブはネガティブをひき寄せる磁石になると私は思っています。ですので少し直感的に「嫌だな。心地悪いな」と感じたときには一旦手を止めて深呼吸をすることにしています。

私は、常に一石二鳥を心掛けているので、この時間もリラックスと美容の両方を意識して過ごします。深く息を吸うときにお腹を凹ませながら空気をしっかりと吸います。しっかりと空気を吸ったら、今度もお腹を凹ませながら息をゆっくりと吐きます。

吐き切った後、更にお腹を凹ませた状態でゆっくりと15秒間かけて息を吐き切ります。このときに下腹部に意識を向けることで、お腹の引き締め効果が期待できます。

このように一度に色々なこと（呼吸やお腹を凹ませたり）に意識を向けていると、何が辛かったのか、自分のネックになっていたのか、はたまた引っ掛かりとなっていたのか、すっかり忘れられることがあります。

意識を逸らすことにより、頭の中をリセットでき、それでいて下腹の引き締め効果が得られるなんて最高だと思いませんか？

そう捉えられれば、辛いときの深呼吸も決して悪いことばかりではありません。何事も意識１つで好転させられるのです。悪い出来事に意識を引っ張られ、悪い出来事を引き寄せる磁石になってしまうことからまずは回避しましょう。

実際に私自身、会社員時代に契約書類の内容の入力、書類作成から製本に至るまでのすべてを「『見た目が不適切でタチの悪い女』だから仕事で挽回してみろ」と言われ（未だに何の挽回をさせたかったのかは不明)、1日のうちに12回もやり直しをさせられたことがありました。書類の入力ミスや内容不備が一切なかったにも関わらずです。

そのとき私はこの深呼吸で何とか無事に乗り切りました。終わりの見えないつくり直しのループに挫けそうになる気持ちを、この深呼吸で何度も何度もその都度気持ちをリセットし、やる気を奮い立たせ集中することさえできれば、何とかやり過ごせることも既に私が実証済みです。

しかし、改めて当時のことを振り返ってみると、12回のつくり直しとは故意でなければ、結構な回数に及ぶなあと感心してしまいました。どんな理由でのつくり直しだったのかは依頼してきた本人にしかわからないのでしょうが、「仕事で挽回しろ」といった発言といい、つくり直しの回数といい、実に興味深いので、機会があればぜひとも聞いてみたいです。

4　嫉妬や妬みはないものねだりの裏返し

お金も時間も学歴もナイナイないの私

お金も時間も学歴も、コネもない私の専業主婦時代（現在は、結婚も離婚も2度ずつ経験済のプロかつ、お代わり予定なしの現在専ら恋愛はフリーランンス）には、当時の夫に「何の取り柄もない」と言われ続けましたが、離婚後すぐに就職し大学病院での看護助手を経て会社員となりました。

　取り柄はなくともがむしゃらに働き、自らの力で23区内に新築戸建てを購入した際には、随分と口撃されました。

　繰り返しになりますが、頼れる身内も居ませんので、自らの力だけでマイホームを手に入れたわけなのですが、それでも自宅を購入したことが耳に入った人の中には「どんな手を使って家を買ったの？」と言う人がいたり「愛人生活ってよいね。家まで買って貰えて本当に女って楽だよな～」などと陰口にもならないよう声で堂々と軽蔑してこられたりする人もいました。

　事実無根ですし、失礼すぎて呆れてしまいました。『これは嫉みの現れなんだな』と同時にはっきりと思いました。

　会社では、部下や同僚に馬鹿にされ、家では妻や子供に馬鹿にされ、自分の欲しいスポーツカーを我慢し、買える頃になったらそのスポーツカーに乗って靡かせる髪は滅び去る草原状態もしくはツバメの巣（あくまで想像）の過酷なお父さん世代にとって、『やらせろ』『抱かせろ』と言っても思い通りにならない私は、きっと眼の上のタンコブ状態だったのでしょう。

とにかく、当たりはキツかったです。すべての人がそうだったとは言いませんし、言いたくもありませんが、実際のところはそうでした。

愛人交渉はあった

心外なのはこの方々が私のことを、とても安く見積もり扱っていたことです。私は簡単に愛人になるような女でも、簡単に愛人にできるような人物でもありません。そんなことは一切致しません。

今だからこそカミングアウトしますが、私は歌舞伎町で上位のナンバーに入る程度にしっかり売り上げていた元キャバ嬢（走り）でした。言うならばその道のプロです。

夜職を遊び感覚ではなく、真剣に家族を養うため商売としてやっておりました。気配りも気遣いも、会話での愉しませ方も一流です。そこはもちろん元プロですから（笑）。

そんな私がどんなに口説かれようが、余程のことでもない限り、こちらの界隈の方々になびくことなんてことはまずあり得ません。

正直なお話、愛人のオファーは何件も来ました。今でも正直あります。でも当時もキッパリとお断りしましたし、その後の嫌がらせ(腹いせ)もそれなりに十分受けたと思います。

相手の方にもプライドがおありのご様子で、愛人交渉があったことは、「絶対に話すな！」「口外するな！」などと散々言われました。

ご安心ください。私は口が硬いです。ちゃんと真面目にお約束を守り、墓場まで持っていく覚悟で誰にも話さない代わりに文章にしました。書きました。本にしました。もし歌舞伎町時代の元お客さまが本書を偶然手に取り、私のことを少しでも思い出してくださったのなら連絡をいただけると嬉しいですし、愛人にするのを失敗された皆さまにはこの本を純粋に読んで楽しんでいただき、口説くのを失敗されたことを思い出してもらえると嬉しいです。

ただこれだけは言えるのが、女性を見下しシングルマザーを玩具にでもしようとする態度だけは、本当に許せませんでした。シングルマザーだからといって、便利な大人の関係に簡単になれるとは限りません。

駄目ですよ！　皆さんとっても偉い方々なんですから。

火遊びにはくれぐれもお気をつけくださいね。

5　男同士の争いには関わらない

女には女の世界があるように、男には男の世界がある

私はそれぞれの世界を尊重しているので、基本的には大局的に見ており、積極的に関わることをしていません。

世の中には、男性でも女性でも外野がいることを意識しすぎることで本題からズレてしまったり、異性が絡むことによりこんな風に見られたいとパフォーマンスする側に傾いてしまう人がいたりするので、同性同士の争いには一切関わりたくないと思っています。

特にこの手の争いにおいて皆一様に解決しなくてもよい、もしくは解決の意思が低い問題にただただ上げた拳を下ろせなくなって、意地で拘って揉めてしまっているだけに見えることが多いからです。

たまたま近くを通りかかっただけで、巻き込み事故のような「どっちが正しいと思う？」の世界にお付き合いするのは私にとってただのストレスでしかないです。さらにはその争いの元凶が聞くかぎり、余りに些細な出来事のことが多いので、イマイチ気持ちを入れる

ことができないからと言うのも私が積極的に関わらない理由の1つです。かと言って「私はこう思う」と一度でも回答しその争いに関わってしまうと、今度はなぜそう思うのかと見解を問われ、説明責任を負わされるのも嫌いです。

この私の発した意見を1つの意見として受け取ってもらえず、結局のところどちらの味方なのかが単純に知りたいだけの不毛な茶番のようなやり取りは本人たちこそ真剣なのかもしれませんが、私は全く興味がありません。

ですから、大人として努めて距離を置くべきだと判断し、いつもそのようにしています。大概、この揉め事のレベルは、私の人生においては瞬き程度の出来事（分母を常に自分の一生で計算しているので）であり、何日も何時間も時間を費やし揉める必要はないと思うことがほとんどなのです。

よくあるのが、自分自身の中で既に答えを用意しておきながら、インチキマジシャンのようにその答えに他人を誘導し、結果によってはその責任を擦りつけするケースも目の当たりにしてきていますので、このようなことには関わる必要が全くないと思っています。

揉め事は、外野のいないところで自分たちで解決しましょう。ただし、女性に比べて男性のほうが繊細な方が多いのも事実。プライドを傷つけたくはないので、そのためにもマクロの視点で判断し、適度な距離感で私はその場を離れることにしています。

6　広い視野を持とう

1つの仕事にしがみつく必要はない

会社員時代は、耳にタコ状態で「シンングルマザーなんだから他に行くところなんてないでしょ」と言われ続けていた私です。

正直、過労で倒れるまで本気でそう思ってました。コレって実は洗脳なんですよね？

最初は、大して気にしていなくても繰り返し呪文のように言われ続けると、なんとなくそんな気がし始め段々と思い込みが始まり、気がついたときには他の選択肢が見えなくなってしまうのです。

周囲の方々は、もしかしたら本当に親切心で私のことを心配してくれて言ってくださっていたのかもしれないのですが、この言葉が実は私の中で呪いとなり、自分にはここ（会社）しか行き場がないと思って選択肢が失われていったのも事実です。

皆、口々に貴女のためを思ってと意見してくれていましたが、はたしてそれは本当に私のためになっていたのでしょうか？

例えば本当に私のことを心配してくれていたのなら昼休憩も取れず、定時後にドッサリと仕事を渡され帰れなくなっている状態をなぜ見て見ぬふりをして放置できたのでしょうか？　本当に対処すべき大事なことはそこだったのではないでしょうか？

このことを最初に教えてくれたのは医師

会社を離れ休職することになってしばらくした頃、医師の指摘により気づかせてもらったことがあります。

『日常で当たり前になりすぎていた、当たり前になってはいけない非常識な親切心からくるお節介、そして外野が勝手に判断する私には他の選択肢はないという決めつけ』、それが見えない棘のついた鎖となり、私自身を縛りつけた結果として傷だらけとなり身動きが取れなくなってしまったのではないでしょうか。

だけど、悲しいかな、世間でこんなことってきっともっとたくさん起きているような気がするんです。

だから私はあえて言いたいのです。貴女のためを思ってと意見してくれるあなたに『私の自由に判断させてほしい』と言いたいです。

『罪悪感から解放されたくて心配したように声をかけてくれているのかもしれないけど、私は自分の機嫌くらい自分で取れるので心配無用です。余計な先入観も持ちたくないので、他人の評価も、あなたのの評価も判断が鈍るので特に必要ありません。すべては自分が納得のいく人生を送れるかどうかで決まってきますし、人生の舵は、自分で取りますのでご安心ください。それよりもご自身の心配をされたほうがよろしいのではないでしょうか？何事も明日は我が身ですから、私は逆にそんなあなたをとても心配しています』

私が今伝えたいことは以上です。

7　脱。器用貧乏のススメ

昔からよく言われ続けた「器用貧乏」

私は、この言葉がずっと嫌いでした。まるで器用なことを器用な人は損しかしないと表現されているような気がして、言われるのが本当に嫌でした。

実際、「レイラさんは何でもできて損よね」とこれまでも散々言われてきましたし、その言葉にずっと違和感がありました。私はありがたいことに苦手なことに未だ出くわしたことがないので、正直何をやっても人並み以上に何でもこなせました。

生まれて初めて田植えに挑戦したときも、米農家に嫁に来てほしいとスカウトされ、薪割りにチャレンジしてみたときも、最初から問題なく薪割りができたし、火起こしに初挑戦したときも周囲でできない人が勃発した中で唯一、1人だけ火が起こせました。

実仕した何をやっても「失敗しない女」のような何となくそんな感じで今日まで来ました。恐らく私が唯一失敗したのは「結婚」だけで、自他共に認める失敗は、二度に渡る夫選びだけです。

それはさておき、器用なことってはたして本当に損だと言われるようなことなのでしょうか？

人より、得意なことが多いって本来武器になることなのではないのでしょうか？

それをずっと不思議に思った私は「脱。器用貧乏」を目指すことにしました。まず「器用貧乏」という言葉を「マルチタスク」と言い換え、自分の能力の安売りをやめました。そして価値を認めてくれない人のために、無償でお手伝いすることをやめたら、あっという間に勝手に人がつくった「器用貧乏」の檻から脱出することができました。

これこそ案ずるより産むが易しの精神、略して『案産』です。

8　断る勇気も必要！　マルチタスクは武器

都合のよい人に成り下がらない

「器用貧乏」と言うと、何となく損なイメージに受け取られがちですが、同じような意味合いでも「マルチタスク」と言葉を置き換えるだけで、何となく特別感が出るのか、プラスのイメージで受け取ってくださる方が意外と多いことに気づきました。

同じようなことなのに、「マルチタスク」という言葉の響きで受け取る側がプラスのイメージとして解釈してくださるので、ここは思い切りそのイメージ戦略に乗り、言葉のマジックに助けてもらいます。

今まで通り同じように仕事をこなすことに変わりはありませんが、それを価値として正当に評価してもらう方法を考え出すことに頭を切り替えました。

価値として認めてもらうためには、次の３つのことが大事です。

①決して安売りをしてはいけません。

②正当に評価をしない人に対して、自分の大切な能力の無駄遣いをしてはいけません。
③どんなに不備に気が付いていたとしても、相手の評価や提案を待った上で交渉しなければなりません。
例えば「私マルチタスクなので、同時進行で色々な案件に対応することは可能なのですが、それを今すべきか否かで悩んでます。それなりの評価をしていただけるのであれば、当然それ以上の成果をあげるように努めますが、そうでない場合には本来の業務外の事柄に関しては、どんなに私個人で対応できたとしても周りの方同様に他に（本来の担当部署へ）業務を振ります。決して一人で業務を完結しようなどとは致しません」とあれこれできる自分を正当に評価して貰うよう働きかけます。

それでも「高卒でしょ？　大卒じゃないからそこは評価してあげられないよ」というような会社でしたら、私は決して自分を安売りしたりしません。これまでの経験上、事務員として入社した会社では東京モーターショーのキャンペーンガール兼ＭＣとなり、経理事務で入社した会社ではできるからと通訳および翻訳業務を任せられたり、困っているからと無償で自分の才能を浪費してきました。そんな私だからこそ、今は、ハッキリとそう心に決めています。

過労で倒れるには、倒れるに至る理由があり、その要因の1つには私が自分を安売りしすぎたこともあると思っています。

よくないのは、自分を大切にしない人のために自分の大切な時間や労力を割くことです。これは時間と労力の浪費でしかなく、ただの無駄使いでしかありません。

ズルい人は、貴女の体調も才能も時間も心も気に掛けてなんてくれません。使えるものは使ってやろうと好きなだけ振り回そうとしてきます。

「脱。器用貧乏」して、お人好しもそこそこにし、もっと自分を大切にしましょう。

頑張り屋さんの皆さんにも充分、大切に扱われるべき価値があると私は思います。まず、あなたが自らを優先し大切にすることに目覚めたらなら、環境も状況もきっと変わりはじめるような気がします。

真面目な人こそ自分に厳しいものです。

頑張り過ぎてしまうあなたこそ、頑張りすぎないよう、ほどほどに頑張りましょう。

第3章　帰宅時の変

1　帰宅途中でスイッチの入れ替え

正しい姿勢で読書を楽しむ

帰宅途中や移動中の私の楽しみは読書です。ポイントは正しい姿勢で行うこと。浅く椅子に腰掛けて、下腹部を緊張させます。猫背になっていると内臓の位置が下がり、下腹部に脂肪が付きやすい状態になってしまうからです。

「ながら作業好き」な私は、読書をしながら正しい姿勢で美しいプロポーションを手に入れるため、ほんの少しだけ努力しています。

この読書に集中しているときだけは、意識を一旦仕事から解放し、頭はリラックスモードへとスイッチを切り替えるようにしています。あらかじめこの行動をするときに、気持ちの切り替えをセットで行うと決めてしまうことで、頭の中で読書＝意識のスイッチの切替えと認識させ身体に覚えさせるようにしています。

行動と意識をリンクさせるというルール決めをすることで、半ば強制的にスイッチのオンとオフのきっかけをつくります。

私は緊張が中々解けないタイプで常に考え事をしてしまうところがあります。ですから自分自身でちゃんと気持ちや身体を解せるタイミングづくりなどのきっかけをつくることに特別注力しています。

慣れて習慣になるまで、繰り返す必要はありますが、意識を集中させて緊張させる方法と、逆にリラックスさせる方法を自分の中で把握しておくことで、適度な緊張感と開放感の中で集中力を保ちながら作業効率アップを図ることもできます。

継続は力なり、意識は自ら望みさえすればいくらでも変えられますし、緊張感ともうまく付き合えるものだと私は考えます。

2　無駄な情報の多いテレビは観ない

テレビはあくまでエンターテイメント

テレビは情報が多過ぎますし、偏った考えや、一方の意見だけに固執したりするのも苦手ですし、過度に盲信したくないと思っています。

私は普段基本的にテレビは観ていません。無駄な情報量が多く見ているだけで疲れてしまうという理由で電源を入れないのですから、我が家のテレビは今ではほとんどただのお飾りと化しています。

時折、映画を観たりアニメを観たりするだけでも充分楽しめますし、毎日テレビを点けなくても全く困りません。特に不便と感じておりません。

必要と感じたら必要と感じたそのタイミングで、沢山ある情報の中から自分達で必要な情報を集め、その中から取捨選択し必要だと思う情報のみを選ぶようにしています。

テレビの話に限らず、人に対しても同じことが言えるのですが、巷でよく「あの人が言っていたからこれは正しい」とか、「間違いない」とか、逆に「この人が言うことは正しくない」とかを聞く機会があります。

これはその方自身の意見ではないですし、全く自立しておらず自分軸で生きていない感じがするばかりか、常に保険と称して責任転嫁する先を用意している感じがして、正直全く同意できませんし、そのような方々に対し私は好感が持てません。

だから、そう言われたときの私の返しは、「なるほど」の一言に尽きます。だってもうそれ以上、何も言うことはありませんよね？（笑）。現代人は、いつから自分の頭で考えることを放棄し始めたのでしょうか？　情報弱者にならないため、情報を疑い自分で調べてみること、これが昨今たくさんの情報が溢れる現代社会において、自分らしく生きるための１つの方法だと私は思っています。

何でも鵜呑みにしないで、一度は自分で調べる習慣をつけましょう。私は無宗教ですので、特にテレビ信仰というものもありません。

３　帰宅したらスマホは機内モードに

相談役になりやすい私

帰宅したら機内モードにし、特別約束がない限りは外部とののコンタクトを遮断するようにしています。

年齢性別に囚われず、様々な方々と交流しているので、それこそ色々な方々から連絡をいただくことが多いのですが、一部のそんな方々の中には毎日、何十回も電話をして来ては同じ内容の話を何度も何度もとにかく聞いてほしい人や、自分の都合で昼夜、深夜早朝問わず出るまで電話を掛け続けて来る猛者もいます。

皆さん総じて自分自身の不安や不満を私にぶつけては解消したいだけの人たちで、それは無意識に精神的な拠り所にしたいと依存し始めている状態であったり、私の時間をただ独占したいだけの独占欲が強くなってしまっている状態であったりします。

「友人、知人関係にある私だから、友達価格（タダ）で相談に乗ってほしい」といった自分勝手な一方的な思いで、こちらの時間も都合もお構いなしに頼って来られる方が最近特に爆増してきているからこそ、時間帯により電源をオフにしたり、機内モードにせざるを得なくなりました。

そもそも、友達価格って一体何なのでしょう？　私は、相手の価値を認め評価すればするほど、多めに払うことはあっても、値切ることはいたしません。相手が受け取る受け取らないは別としても自分の気持ちは素直に伝えます。

何が正しいとか間違っているかを問う訳ではありませんが、気持ちの面でのお話で最後に人間性がが出るのはこう言ったところかもしれないと実感する今日この頃です。

悪気はなくとも常に連絡し続けることにより、回線が塞がり本当に救いを求めてる人の妨げになっていることは事実です。

『誰かに縋りたい』その辛さ苦しさを一番理解しているのが私なのですから、私はできるだけ八方塞がりから本気で脱出したい方々のことを最優先で考えたいと思っています。

4　家族との時間でエネルギーチャージ

バツ2、4人の子持ちで実母つき。それの何が悪い

私は、４人の子どもたちと実母の６人で暮らしています。世間では、「大変だね」「可哀想だね」とネガティブな印象を持たれ心配してくださる方もいるのですが、私個人としましては、大変だと思ったこともなければ、不幸なマイナスなことだとも思っていません。『バツ2、4人の子持ちで実母つき』の響きだけでいけば、『バス圏内、４ＬＤＫで庭つき』とだって対して遜色ない気がします（笑）。家族がいてくれるからこそ、これまで頑張れてこれましたし、耐えてこられました。それこそ1人では挫けていたかもしれません。家族がいたから頑張れたことのほうが、私の人生においては遥かに多かったように思っています。決して私の人生は心配される程マイナスばかりではありませんでした。

私自身、家族にどう思われているかも対して気にしていないので、そこは正直よくわかりませんが、リビングで母や子どもたちと過ごす時間にエネルギーをチャージしてもらっているのは間違いない気がしています。例え最愛の長男に何を言っても『ハイ。ドンマイ』

とあしらわれたとしてもです。

私はそんなとき幸せだなと感じる反面、家族との団欒時間にいつも考えるのは昔訪れた地方の過疎地の集落で、1人寂しく暮らしている高齢者のことです。

当時、聞いた話では隣の家ともかなり離れており、楽しみは週に一度来る移動スーパーの販売車の人と交わす束の間の会話で、それが生き甲斐なのだと言っていました。コロナ禍で世間がこんな状況になり人と触れ合う機会が減り、寂しい思いをしているお年寄りが増えているのではと心配で胸を痛めています。

そのため、そういった方々向けのサービスを始めた訳なのですが、できれば過疎地で本当に人との関係が分断されかけている方々から優先的に繋がりを持ち、希薄になりつつある人間関係を修復し、国中が大きな1つの家族のようになれたらなと今、私の夢は尽きません。

世間には、お互いの足の引っ張り合いが好きな人たちもいるようですが、いつも不思議なのがそれをすることにより、どんなよい効果が得られるのか私には全く見えないのです。

その体力があるなら、よその人の足ではなく、最近スタミナ切れの私の手を引っ張っていってくれればよいのにと真剣に思っています。

5　植物からパワーをもらう

植物も人間も同じ生き物

私は、植物も人間も地球上の生物という点で（動く動かない以外において）は大差ないと思っています。大地に根を生やし、力強く存在している樹々も道端でひっそりと咲くタンポポも、そして私たちも皆同じで確かにそこには生命が宿っています。

私は近所の公園を散歩するとき、いつも裸足になります。近所にそのような環境があることにより、土や落ち葉の感触を1年を通して感じられる私はとても贅沢な経験をさせてもらっているのだと感謝しています。

たまに、身体に溜まった電磁波を外に出すために植物に抱きついたりして、積極的に植物や自然を利用することを推奨しているような書き方をしている記事を目にすることがありますが、それを見て私は正直悲しい気持ちになります。

私にとって森や公園の樹々はお友達のようなものなので、人間が便利だからといって自ら選んで使用し、その代償として電磁波が体内に溜まってしまったからといって、自分の都合で植物に放電してもらおうという感覚は、とても身勝手な行為だと思っています。いつから人間はそんなにも偉くなってしまったのでしょう？

私にとっては人間も植物もみんな同じで横並び、どちらが上でも下でもないと思っています。だから例え放電のために訪れた山でも海でも公園であっても、友人の家にお邪魔するような感覚を持って、草木や樹木、大地やそのすべてに愛を持って接してほしいと思っています。

誰かの自宅にお邪魔した際に、床やあたり構わずゴミを散らかしっぱなしにはしないでしょう？　自然を守るのも破壊するのも、ほんの少しの私たちの嗜み次第だと思います。自宅にも沢山のグリーン（観葉植物）を置いています。植物に囲まれて生活していると、自宅にいながら大好きな植物たちに愛情を注げるだけでなく、逆に私が植物たちからパワーをもらっていたり、さり気なく癒され続けていたりする気がしてなりません。

お世話をしているようで、実はお世話されているのは私で、きっと植物は私を必要とはしてはいません。植物を必要としているのは、あくまで私なのです。そういった意味でも我が家の植物たちは、私の大切な家族の一員です。旅行先でも、必ず土地の自然と戯れるようにはしているのですが、やっぱり我が家の植物たちが一番です。

6　とにかく笑うこと

たくさん笑ってＮＫ細胞の活性化を

私は楽しいことが大好きなので、とにかく沢山笑います。大きく口を開けて豪快に笑うのでいつも周囲に注意されてしまいますが、とにかく周りも巻き込んでできるだけ沢山笑っていたいのです。

それにはちゃんとした理由があって、笑うことで体内のＮＫ（ナチュラルキラー）細胞が活性化され、その働きが活発だと何とがんや感染症にかかりにくくなると言われています。

私は常に、自分の身体の発しているシグナルに敏感でありたいですし、自分の体が喜ぶことをしていたいので、ストレスになることは極力避けるようにしています。

とはいえ、江戸時代の平均寿命を超えるほど生きていれば、色々なことが起こるのが人生です。過労で療養中のある日、突然信頼していた勤め先から退職通知が届いたり、今度は退職させられたのに大切な私物をいつまで経っても返してもらえなかったり、やっと返ってきた私物の中から現金や貴重品（アクセサリー類）が消えていたこともありました。

直近での出来事だけで、こんなにも色々と「実際にこんなことって本当にあるの⁉」といったようなことが平凡なつもりで日常生活を送っていても、突如として起こることがあるのです。真面目な話、何が起こるか蓋を開けてみるまでわからないのが人生なのです。その都度いちいち深刻に捉えていたら生きた心地はしないどころか、辛くて生きていられないと思うのです。なんと言うか、耐性がつくのかがわかりませんが、とにかく笑わずにはいられなくなるのです。

だから、私は今日も笑います。小さな子どもがいるのに、予告もなく保険証の資格を剥奪されてもです。「あれ？　もしやこれも嫌がらせになるのでしょうか？（笑）」と言うと、区役所の国保（国民健康保険）担当窓口の方も呆れていました。

保険の切替の件で元職場の人事課に連絡してくださった際に、私の退職日を知ってる社員が1人もいなかったことや、手続上必要なことを確認すればする程発覚するあまりに杜撰で酷い仕打ちの数々に『言葉がでない』と私の代わりに涙してくれたり……本当に皆、温かく、人の優しさに触れた出来事でした。

有名な歌にあるように〝涙の数だけ強くなれる〟のであれば、おかげさまできっと私は地球上にあるどの鉱石よりも強く硬く丈夫になっていると思いますし、皆さまのおかげで、とにかく今日も私は元気です。

7　涙活でスッキリ

「心臓に毛が生えているのでは」と疑惑を持たれる程の私でも泣きたいときがある

嘘でした。しっかり考えてみても、特に泣きたいときなどありません。

しかし、感動するストーリーやＦＢでたまに見かける色盲の人が特殊眼鏡を渡された瞬間に目の前にカラフルな世界が広がって思わず感動の涙といったドキュメンタリーや、甲子園の裏にあるドラマとかそういうのを観ると心が震え、目頭が熱くなります。たしかに短時間でも涙を流すと、スッキリすることがあるのは間違いないと思います。

ここでいう涙活とは、いうならば『泣いてストレス解消しましょうね』の一言に尽きるのですが、実際の効果は涙を流すことにより、身体を落ち着かせる副交感神経を活性化させることで、一般的にリラックスできるのだと言われています。

そのメカニズムは、涙を流す行為事態がスイッチとなり、人間の自律神経が緊張や興奮を促す交感神経の優位な状態から、脳がリラックスした状態にあるときの副交感神経が優位な状態へとスイッチが切り替わり、これらの現象によりどうやらストレス解消になるようなのです。

私は涙活のときに必ず観る鉄板映画を数本決めており、そのときの気分によって作品を選ぶようにしています。お気に入りの映画は、何度見ても結末がわかっているのにもかかわらず、毎回決まって号泣します。

涙活は、泣いてスッキリすることが目的なので、毎回必ず泣くことができる映画を事前に調べて用意しておくことをオススメします。また涙を流すために映画を鑑賞するので、途中から嗚咽で内容が聞こえなくなっても大丈夫です。

このときとばかりに、「しっかりドップリ」と映画の世界に入り込みましょう。しっかり泣いたあとは、眼の上（瞼）をアイシングしてから寝るまでがお約束です。翌日、顔が浮腫んでしまわないように、ちゃんとケアしてから入眠しましょう。

しっかり泣いたら正しくケアして翌日に備えること。泣き腫らした眼で人前に出るなんてナンセンスです！　眼を冷やして絶対に翌日に響かせない、これが涙活で一番大切なことなのです。

8　明日の私へ

人間はいつでも生まれ変われる

突拍子もない発言をしますが、私たちは日々輪廻転生を繰り返し、何かのきっかけで毎日同じ人物に生まれ変わっていると私は時折考えたりします。そう考えてみると、これまで身の回りで起きていたことが何となく腑に落ち、更には何気ない日常にもおかげさまの精神で感謝できます。

そう考えると、この奇跡のような毎日が特別に感じられたりはしないでしょうか？　私は、どちらかと言うと、常に楽しみを内にも外にも模索するタイプなので、少し「不思議ちゃん」と揶揄されることもありますが、我々はどういう訳だか日々新しい自分にに生まれ変わっているのではないかと解釈しています。

ですので、例えば「禁煙をする」と決断すれば、翌日の私から禁煙するのは可能ですし、「明日何か苦手なことを克服する」と決断しておけば苦手なことの克服すら、いとも簡単にできてしまうと思うのです。

同時に、今この瞬間の自分がこれから先の一生の中で一番若くフレッシュな状態であり、「朝眠りから醒めた私が1日の始まりに誕生した一番若い私だ」というのはご理解していただけると思います。新しい朝を爽やかに迎えたいのに、『昨日の嫌なこと』に振り回されるのは1日を台無しにされるようで、考えるだけでも私はとても嫌な気分になります。

そこに『意識をフォーカスさせない』自分へ生まれ変わったことにすれば昨日の出来事に振り回されない私がそこで存在することになります。

今日遭った悪い出来事は、今日の私から全く切り離して、影響されない自分づくりをしておくこと。これを私は毎日明日の自分のために心掛けています。

誰だって朝は、気持ちよくスッキリと過ごしたいですものね。

昨日の私は失敗したかもしれないけれど、今日の私は同じことに挑戦しても成功するかもしれない。昨日の私が失敗したからといって今日の私が失敗する必要はどこにもなく、それよりは与えられた毎日を自分の思い描くように、好きに精一杯生きるべきだと思っています。他人の決めた人生なんかではなく、あなたが望めば、いつでもそこにあなたの望む人生のヒントがあると思います。

明日の私も幸せであるように……。

第４章　人間関係の遍

1　目が死んでいる人には近づかない

目が死んでいる人とはあいさつ程度のお付き合いに留める

自分の直感に従い、一緒にワクワクしたり楽しい気分になれない人には、原則ご縁がないようなので近づきません。これは私なりのルールで、瞳がキラキラしていない人（目が死んでいるように見える人）には一切近づかないようにしています。

中学生の頃、同じクラスに孤立し周囲からのイジメにあっている女の子がいました。彼女の目に光はなく、目が死んでいる状態でした。私は、助けようとかそんな烏滸がましい気持ちからではなかったのですが、ただ放っておけず、だんだん彼女と共に登下校するようになり、自然と彼女と過ごす時間が増えていきました。

しばらくそれが続いたそんなある日の朝、待ち合わせの場所に彼女は来ませんでした。少し待ちましたが、それでも彼女は現れず「今日はお休みなのかな?」と1人で学校に向かいました。教室に入るとクラスの雰囲気が明らかに変わっており、その日から突然私がいじめられるようになりました。

不思議だったのは、前日まで仲良く一緒に登下校していた彼女がいじめの首謀者となっていたことでした。いじめのきっかけは、何があったでもなくただ「幸せそうな笑顔がムカつくから」とのことでした。

突如として始まったその「いじめ」は結局半年以上も続き、最終的に金属バットで私が殴られ左耳の聴力を失ってしまうまで続きました。そのときに何となくですが、悟ってしまったのです。

「目が死んでいる人には、絶対に近づいてはいけないし関わりを持ってはいけない」とこの身をもって体験したんです。

以来、私は冷静に人を観察し、自分なりの統計を出しながら、人付き合いをするようになりました。このように人を貶めたりするような方々は一様に目が死んでいることがとても多く、例えどんなに相手が好意的であっても、それが男性でも女性でも関係なく、あえて私から近づこうとは思いません。

「好き嫌い」というよりも、もっと動物的な感覚での「合う合わない」があると思っておりますので、決して無理してどんな形であれ付き合うようなことはいたしません。過去の経験を振り返っても、酷いことをして来る人や無礼な人は登場シーンからしてやっぱりどこか違和感がありますし、思い返してみても妙な雰囲気を漂わせているものなのです。

だから私は周りの評判よりも自分の直感を信じ、目の死んだ人とはあくまであいさつ程度のお付き合いに留めます。どんなにお仕事上で愛想よくするようにお願いされたとしても、これだけは絶対に譲れない私のルールです。

2　人間関係の新陳代謝UPの推奨

思い切った人間関係の断捨離も必要

私は、とてもシンプルにできているので、人間関係を構築する上で『身勝手な先入観で物事を判断し、自分から聞いてきたのにも関わらず話をろくに聞かない人』や、『知った顔で人の話の腰を折って喜ぶような人』も、『概念に囚われ過ぎて、私的でとても小さな視点でしか人や物事を判断することができないような人』ともお付き合いをしない選択をしています。

過去に、せっかちそうな女性が私の近況を聞いてきたので、「実は、過労で倒れてしまって」と少しだけお話しし始めたところ、話の序盤で突然「貴女の話は不幸自慢ですか？

マイナス思考で話を聞いていても楽しいどころか、貴女の話を聞いている私の運気まで下がって気分が悪くなる」とオチを待たずして一方的に言い放ってこられた方がいらっしゃいました。人の話を聞けない少々、病的な印象を受けましたので、そのときばかりは相手の設定に合わせ、不幸でネガティブな私に徹しました。

勝手に決めつけられるのも、頭ごなしに否定されるのも面倒ですが、私の中で一番骨が折れるのが、実はその勝手にできてしまった思い込みを否定することなのです。

勝手に相手が思い込んでしまっているものを訂正しにいく行為はとてもエネルギーを消費します。そんなことのためにわざわざ時間を割いて振り回されたりしないのも私の問題回避術です。

このときばかりは言いたい放題言っていただいて、とにかくこの面倒な状況をいち早く収めることだけに集中しました。この人も然り、人間関係の断捨離をすることで、逆に素敵な出会いに恵まれることがあると私は知っているので、そのときばかりは心の中で「フッキー！」とガッツポーズを決めていました。

こちらが断捨離したつもりでも、このような方は都合のよいときに、また突然戻ってきたりもしますが、私の中では完全に断捨離済みです。

思い切った断捨離その後

思い切って行動に移したその暁には、その空いたスペースにすっぽりと、ご褒美のように同じ数だけ素敵な出会いに恵まれるものです。

最近嬉しかったのは、ひょんなキッカケからご縁に繋がった芯の強い女性たちです。皆それぞれに素晴らしい方々なのですが、中でも印象的だったのは、ちゃんと自分の考えを持ち、出会った瞬間からその考察力と言いますか、その着眼点の鋭さに一目置いてしまった可愛い年下の女の子エミリアーナちゃんです。

自分の意見を持っていて、ちゃんとそれを言葉にでき、人に伝えられるところなどはとても尊敬しています。他にも、美のカリスマで女神のような方とのご縁をいただけたり、お仕事では素晴らしいコンサルタントの方々と知り合えたり、最近の私は厄でも落ちたかのような見事なまでに素晴らしいご縁の連鎖に身を任せています。

スペースができると、その分よいものが呼び込めるというのは、正に断捨離の効果だと思っています。最初はよくても人は変わります。それはよい意味でも悪い意味でもです。

ですから「人間関係の新陳代謝の促進」、これは保険と一緒で時々見直してみるのもありだと私は思います。

3　「でも」「だって」「しかし」を言う人の負のオーラに呑まれない

「でも」「だって」「しかし」好きな人

本当は言い訳が大好きなのに『言い訳している自分が嫌い』と言いつつ、本当は言い訳している自分がやっぱり大好きな、変な自信を持った、承認欲求が強めの方って周りにいませんか？

私にお話を聞いてほしいとおっしゃる方の中にも、実はこういう人が割といらっしゃるのです。お食事中の何気ない会話を楽しむ上でも、普段から意図せず人の話を「でも…」攻撃で冒頭から否定したり、今度はこちらが意見を求められたので、真剣に応えようものなら真っ向から「だって…」とこちらの回答を頭ごなしに否定し始めたりします。

一番困るのが、「これからどうしたらよいと思う？」などと直接具体的な答えが欲しいと相談してくる割には、結局のところ燻っていること自体が好きで解決するつもりが全くなく、相談相手を悪戯に振り回してしまう人だけの方も、中にはいらっしゃいますよね？

私は、必ずお話を聞く際には、相談者の方に本気で問題の解決をする気持ちがあるのかどうかを確認します。

その上で話をただ聞いて受け止めてほしいだけの方にはそのように、そうでない方には「でも。だって。しかし」の言い訳を極力しないように協力のお願いをしています。

負のオーラ全開の言い訳尽くしの方との答えの見つからない（見つける気のない）不毛なやり取りは、単なるエネルギー消費と体力の無駄遣い以外の何ものでもないですので、お互いの時間を最大限に有効活用できるよう、あらかじめ希望を聞いておくことにしています。

言い訳が習慣化している方は、言い訳をすることに意識を集中させているので、どんなにこちらが大切なことを伝えていても、意識がそこに向いていなければ、せっかくの思いも伝わりません。

「変わりたい。前向きになりたい」の思いに対して、もちろん協力はしますが、受け取る側の意思により、有効な時間へも無駄な時間へも変わるものだと思っています。限られた時間を私はお互いが無駄なく、実りあるものにと考えていますので、協力はしても負のオーラに呑まれて無駄に振り回されたくはありません。

私の思いは、ただそれだけなのです。

４　親友は１人いればよい

友情を築くのに年齢も性別も関係ない

私には、自分の年齢の倍ほど歳の離れた友人が居ます。両親よりも年上の彼女には何でも気楽に話ができるので、一緒にいてとても落ち着きます。感性が似ているとか、そんなところでしょうか？

ハッキリと意見はするけれども、人の悪口を言ったりもしないですし、言い訳をしない潔い姿勢も彼女を好きなところの１つです。

以前、親しくしていた友人にこんなことを言われたことがありました。

「髪染めたの？　変だよ。すぐ元に戻しな。アンタのためを思って言ってるんだよ。すぐ戻したほうがよいよ」

好みの問題もあるかとは思いますが、私自身が人は人、自分は自分だと思っているので、基本的に人に意見を求められなければ特に何も言いません。何気なく言ったかもしれないこの一言なのですが、なかなかに大きなお世話ですよね（笑）。

この方は、もしかしたらマネージャーとかプロデューサーのつもりで私に意見してくれていたのかもしれませんが、実際のところただの友人でしたし、ましてやその友人関係においても私は上下関係などないと思っていましたので、私に対する「すぐ元に戻しな」のような指示や命令のような言葉なんて別にいらなかったのです。

この方には、私のためを思ってくれる時間を、もっと大切な自分自身のために使ってほしいので、すぐに距離を置きました。

この「あなたのためを思って」は一見私のことを思って言ってくれているように聞こえますが、その実中身は全然違うこともあると思うのです。

「大切な人のための○○」も一緒で、誰かのためになんて、本当は相手が望んでいないことかもしれないのに、勝手な思いで使命や義務を課されてしまうようなとても強制的で圧力のような縛りすら感じますし、よくよくその内容を考えてみると、誰かの都合よくするための実は聞こえのよい誘導だということもあります。

そもそも人の為と書いて、「偽」と読みます。親切はさりげないくらいがちょうどよいのではないかと私は思います。

「押しつけでなく、お互いが心地よいと思える距離感で干渉しすぎない」、この感覚を共有できる相手はそんなに沢山必要ないのです。一生の間で１人でも見つかれば、それは本当にラッキーだと私は思っています。

5　真剣に生きていない人が嫌い

私もあなたも唯一無二の存在

どういう訳だかこの世に生を受け、臨死体験（※）も数々あるのに、その度どういう訳だか無事に生きながらえている私。普段は『リミッターカットされたヨーロッパ仕様の車に例えられる』ほど正しく振り切れている、ふざけたタイプなのですが、もしかしたらこと生に関してだけは、物心がついた頃からずっと真剣に向き合って来ている気がします。

※臨死体験（りんしたいけん）――すなわち死に臨んでの体験のこと。

弟を亡くしました

約10年前に弟を亡くしました。母や私にとっては、衝撃的な出来事でした。順当にいけば母の次が私でその後に弟の順番だと思っていましたので、弟の訃報を聞いたときは「これが青天の霹靂か？」といった感じで生まれて初めて頭の中が真っ白になりました。

普段から反省はしても、後悔はしたくないと思ってこれまで生きてきた私が、正直思い切り後悔した瞬間でした。

私たちはお互いの考え方が全く異なるタイプの姉弟でしたので、時には意見がぶつかり口論となることもありました。最後に会ったときもそうで、以来なんとなく疎遠となっており、便りがないのは元気な証拠だと私が勝手に思っておりました。

それがこの連絡を受ける前日の深夜、身体に違和感があり弟の顔が目に浮かびました。それで何となく、翌日弟に連絡しようと思っていた矢先の出来事でした。

「もっと沢山話しておけばよかった」

「もっと沢山連絡してればよかった」

「もっと沢山逢いに行けばよかった」

「もっと一緒に過ごせばよかった」

「もっと喧嘩したかった」

例え嫌がられても、鬱陶しいと言われても、後悔の波は止めどなく押し寄せ、私の胸はこれまで経験したことのない痛みと悲しみで押しつぶされそうになりました。どんなに後悔したって死んだ人は戻ってきません。弟と私は違う人間ですので、私は弟にはなれませんし、弟の分まで生きようとも思いませんでした。

それでもこのことをきっかけに、私は今まで以上に真剣に私らしく人生を全うしようと思いました。だからせっかく与えられた命を粗末に扱う人はやっぱり嫌いですし、命があることを当たり前のような顔をして、感謝できない人も嫌いです。

そして、1人で生まれてきて、1人で生きているような横柄な態度の人に対しては、私は誰より厳しくあると思います。

皆、当たり前のように日々過ごしているので目に入らなくなっているのだとは思いますが、目を凝らしてちゃんと見てほしいこと――世の中には本当に忘れてはいけないことがたくさんあります。

そんな中でも、特にどれだけ自分が人に支えられて生きているのかをまず改めて自覚してほしいと思います。それを実感できること探しは全然難しいことではなく、意識を向けさえすれば、そこら中に散らばっています。

美味しい食事にありつけたときには、生産者やそれらの運搬、物流に関わる人、商店、調理する人、飲食店等々、実際には関わっている人の姿こそ見えやしませんが、様々な方々の元を経てリレーされて私たちのところまで届いています。

この世に無駄な職業なんてありませんし、無駄な人もいません。世の中に、当たり前のことなんて何一つないんです。周囲に感謝の気持ちがあれば、決して驕らず傲慢に成らず、自分のちっぽけな足元から広い世界を見上げることができるはずです。いつも1人で過ごしている人も、仲間に囲まれて充実した毎日を送っている人にも、それなりに虚無感や孤独な時間はあると思います。

うまくいくときもあれば、うまくいかないときもある。どんな人生であれ、少し失敗したからといって投げやりになったりせず、誰かを頼ってみたり、何とか自分なりの人生を模索して一生懸命生き抜いてほしいと私は思っています。大丈夫。心配しなくても急がなくても、人間はいつか死にます。

それに世の中には、生まれた場所が悪く生きたくても生きられない人が今のこの世でもいます。少なくとも本書の読者の方々には「生」と真剣に向き合い、一生懸命楽しみながら自分の足で生きてほしいと私は思います。

そして、いつの日か皆さまにお会いできる機会があれば、私はとても嬉しいです。そのいつかの楽しみのために、私も自分らしく生きます。

６　前を向いて歩こう

目は前にしかついていないんだよ

人間の身体の構造上、眼はそもそも前にしかついていないので、胸を張って前を向いて歩いていくのが一番自然な形ではないでしょうか？　という私なりの単純な解釈です。

後ろに目がついているのなら、後ろ向きに歩けばよいわけですが、前についているのにわざわざ後ろ向きになる必要はないのではと思っているだけです。

嫌なことがあって立ち止まったとしても、眼が前についている以上、前に進むしかないのです。クヨクヨしたって明日は来ますし、後ろ向きに気持ちがなっていたとしても構造上、前に目がついている以上は前に進み前進する、それが一番自然な状態ですので、あえて抗う必要もないと思っています。

「レイラさんは、いつでも前向きですね」と言われるのも、ただ私がナチュラルに流れに身を任せて生きているからではないでしょうか？

たしかに常に前向きで目の前の出来事から逃げないのも私の生きる上での姿勢ではあり

ます。最近ではふとしたきっかけから、素手でお掃除することに目覚めました。

先日は洗濯機の清掃をし、手指を使いブラシでは落とせなかった汚れを丁寧にに隅々まで清掃しました。

素手で清掃すると、驚くほど汚れが落ちます。時折、洗面台やキッチンの排水溝のぬめり汚れを目の当たりにしたときなどは「うわー！」と開けた排水溝の蓋を反射的に閉め、一旦フリーズして考えるときこそありますが、何と言っても私は「何事にも前向き」ですので、覚悟を決めて汚れと向き合います。

水垢やぬめり汚れを手の感触を頼りに清掃するので、ツルツル（材質にもよるが）になるまで徹底的に撫で洗いします。

後退したり、避けて回避し続けることもできますが、私にはあえて避けて通る理由がないですし、気になる問題はすぐに解決させたいタイプなので、私はどんな些細な問題であっても、それが汚れであっても向き合う姿勢は変えません。

しかもトコトン綺麗にしてみると、心がすっと楽になり、気持ちまでスッキリと前向きに変化するのです。何かをやり遂げた満足感と、逃げずに向き合えやり切った達成感は、私の実体験としては人間として一皮剥けるような自分自身の成長と意外なところで直結して繋がる気がするので、試してみる価値はあるかと思います。

心が後ろ向きな状態は、エネルギーが後ろに向かっており、その一方で身体は前進しているので、エネルギーは前に行こうとするけれど、身体の中でエネルギーが前と後ろの相反する方向に向かってぶつかり合って動くので、とても不自然なアンバランスな状態になっているような印象を受けます。

心と身体はセットで前向きにして、前を向いてしっかりと自分の足で歩いていきましょう。

7　死んだら元も子もない

死んだら元も子もないから死ぬな

自分の一生のうちで臨死体験と言いますか、死というものに限りなく近い体験をしたことが私にもあります。よく面白半分や興味本位で「何回くらい？」と訊ねられるのですが、正直にお答えすると5から先は数えていないので、正確な数はわかりません。

でも、直近で死に直面したお話をすると、過労で倒れたときのことが該当するかとは思いますが、そのときもやはり「よく命があったね」と自分の父親ほどの年齢の労働基準監督署相談員の方に涙袋に溢れそうな涙を貯めながら言われました。

「こんな目に遭ってもどういう訳だか生きていられた。死人に口なしと言うけれど、貴女は生きている。この経験を、誰かに伝えてみてはどうだろうか？」

このときの会話がきっかけとなり、私は本を書くことにしました。死人に口なしではなく、物言う死人（に限りなく近かった人）となるために（笑）。

何があったとしても、死んだら思いは正しく伝えられなくなるから駄目なのです。

例えば、私の退職金が退職日から1か月経ってやっと振り込まれたとか、勤続8年、昼休憩も休みもなく働いてきた対価としての退職金が6万394円だったこととか、生きてこそ伝えられるドラマがそこにはあるのです。だから私は書きます。私にしか伝えられない真実を！

昔、エスカレートしたイジメにより、左耳の聴力を失い入院し、その退院後、転入した先の中学の担任の先生だった平口先生にこんなことを言われました。

「麦は踏まれて踏まれて強くなる。貴女もそうなりなさい」

その言葉を糧に、これまでどんなに辛いことがあっても、逃げださず生きてこれた訳なのですが、当時もそう言えば、この平口先生に同じことを言われていました。

「森本の経験は本になる。辛い経験をした分、同じように苦しんでいる人たちの光になりなさい」

もうすっかりこれまで忘れていましたが、今なら私にも少しだけ何かができるような気がしています。８割型悪口のような本でも事実を伝えないよりはきっとマシです。それこそ生きてこその結果です。

８　嫌われ者のススメ

嫌われてもいいと割り切って生きる

私は、他人の評価など一切気にしていません。だからと言って身勝手に行動してもよいという訳ではなく、もちろん節度ある振舞いや所作には努めています。私が他人の評価を気にしないのは、私が自分の人生を生きているので、他者の概念に囚われて生きるつもりが全くないからなのです。

よくいる自称人格者

「私は、目の前のその人だけを見て判断するので、否定もしなければ他人と比べたりするようなそんな小さな人間ではない」と器の大きい人アピールをされる方がいますが、その直後、舌の根も乾かぬ間に「価値観の違い」とか「考え方が違う」とか一転し、否定が始まり『他人と比べないあなたが一体、誰と比べて?』のthe矛盾発言を自信満々でされている方を見かけます。

その度「何だ? めちゃくちゃカッコ悪いぞ」とその救いようのなさにとてもガッカリさせられています。

結局のところ、比較をしないと言いつつも人間は無意識のうちに構築された概念で判断し、物事を認識するときに無自覚にそれぞれに共通する特徴を捉え、比較検討しているようなのです。

自分の思い描いた枠や型にハマらないから、思い通りにならないから「それは絶対悪だ!」というような極端な考え方の人も中にはいらっしゃいますが、私の人生は私の物なので誰かの色に染まるつもりも、誰かの色に染めていただかなくても全然よいと思っています。

ですので「俺色に染めてやる」と仰られる方には、キチンと「結構です」とお伝えしていますし、誰かに幸せにしてもらわなければ幸せになれない訳でもありません。

可愛げがないと嫌われても全然気にしませんし、最初から万人に好かれるつもりがないので何を言われても平気でいられるのです。

ただし、そう思って生きていると、意外と敵はできないようです。不思議なことに実際私を嫌っていると自覚できるのは、以前の勤め先のごく一部の人間だけのようなのです。

余程バツの悪いことをしてしまったから合わせる顔がないだけなのでしょうか？　それとも単なる趣味なのでしょうか？　退職後も陰湿な嫌がらせは続きましたし、何か特別な事情があるのでしょうか？

「安心してください。何を言われても何をされても、私は全く気にしていませんよ」

でもイニシャルトークができなくもないのであえてするとしたら、Ｓさん、Ｆさん、Ｋさんお元気でしょうか？　皆さんのおかげで私らしい一歩を踏み出しました。恨むどころか感謝しています。

私は今、解放されてとても充実した毎日を送っています。

9　ありがとうの出し惜しみをしない

ありがとうの気持ちも言葉も減ったりしない

最近不思議でならないのが「ありがとう」が言えない人の増加です。それは子どもでも大人でも関係なく増えているような気がしており、私はそれをとても憂いています。

歩いていたときに、たまたま目の前の人がハンカチを落とされたので拾ってお渡ししたら、無言で立ち去って行かれたことがありました。『ありがとう』と決してお礼を言ってほしい訳ではないのですが、正直少し寂しい感じがするのは否めません。

逆にこちらがスーパーのレジでお釣りやレシートを受け取る際に「ありがとうございます」と言うと、不思議な顔でめちゃくちゃ驚かれたりすることにも、いつからそんなに「ありがとう」のハードルが高くなってしまったのか、とても不思議な感覚を覚えてしまいます。

私は日頃から子どもたちに「私たちは、皆社会の一部。この世界に生かされている立場なのだから、決して驕らず皆んなに感謝して生きていこうね」と教えているので、カルチャーショックを受けてしまうと言いますか、とても違和感があります。

とはいえ、『ありがとう』の出し惜しみをする必要はないと思っているので、これからも「ありがとう」と言い続けていくつもりです。

だって心の中で思っているだけでは伝わらないことだって沢山あります。それに思っているだけで伝わるくらいなら、言葉はいらないはずでしょう？　伝わらないからこそ言葉が生まれたのでしょうし、だからこそキチンと都度伝え合うことが必要なのだと私は思っています。

だいたい一度「ありがとう」と言ったからと言って、自分のＨＰ（ヒットポイント）や攻撃力が減るわけでもないですし、わざわざ出し惜しみする理由が私にはどこにもないのです。

ただ親は、いつだって子どもの鏡です。親の姿を見て子どもは真似をします。人に感謝できる子どもに育てたければ、まず親からその大切な気持ちを表す手本となりましょう。


ありがとう。今伝えずに、いつ伝えるの？　（レイラ心の句より）

素直に受け入れる心で向き合う

「ありがとう」と感謝の心を伝えられることと同じくらい大切なのかが、誰かに褒められたりしたときの褒め言葉を素直に受け入れ受け止めることです。

日本人特有の美学として、「素敵」だとか「綺麗」だと褒められると、「そんなことはない」と否定されることがありますが、せっかくの気持ちですから素直に受け入れてみてはいかがでしょうか？

一度否定する癖がついてしまうと、習慣的に誉め言葉に対して条件反射で異論を唱えてしまいます。そんなことをしていたら、言ってくれた相手は気分を害してしまうかもしれません。ですから、私は素敵な言葉はまずありがたく受け入れることにしています。そうすることで言葉だけでなく、私は誰に対してもどんな人でも受け入れる状態にあるように努めています。

誰でも拒絶されてしまうと寂しい言持ちになるでしょうし、その気持ちが敵意へ変わってしまうこともあります。

最大の攻撃は仲間になることです。

ご縁あって出会えた方となら、できるだけ仲良くしていたいです。

第5章　習慣の遍

1　私だけのパワースポットづくり

自分だけのパワースポットをつくる

緑好きの私にとってのパワースポットは本来、緑の生い茂っているところなら何処でもと言いたいところなのですが、あえてパワースポットとしてあげるとすれば、現在は専ら私が高頻度で通っている鹿島神宮になるのかなと思います。

うまく説明こそできませんが、その空間に入ると元気になる気がするのです。特に、鹿島神宮の広大な敷地を裸足で歩くのが大好きで、時々仲のよいお友達を誘って行ったり、時には家族と行ったり、何だかんだ多いときには月に一度、最低でも2か月に一度は都内から車で片道3時間かけて訪れています。

ゆっくりと美味しい空気を全身に取り込んで深呼吸したら、大地や植物を感じながらお散歩し、足裏で鹿島神宮の土地の持っているパワーに触れさせていただきながら、普段の生活にはない、特別な場所にお邪魔している独特な感覚を楽しみます。

立派な木々に触れて回り、植物たちの自然な香りに囲まれ、心地よく散策した後は、必ず最後の〆に御手洗池の横で営まれているお蕎麦屋さんで御手洗池のお水でつくった美味しいお団子をいただきます。

ここまでがいつもの私のお決まり、かつお気に入りのコースです。最近では、私の尊敬する切り絵作家さんをお誘いし、特別な時間を共有させていただきました。

パワースポットを訪れる際は、子どもの頃に経験した遠足のような気分がほんの少し味わえます。その普段の生活とは少し離れた自分自身の特別な場所を、大好きな人たちと共有する贅沢がまた私を元気にしてくれるのです。

一緒に行く人や、季節、天候によって、いつものパワースポットが全く違って見え、そのときそのときで異なる想い出の場所へと移り変わっていく様もまた楽しみで何度行っても飽きることはありません。

ちなみにここは、私のパワースポットで大好きな場所の1つですが、皆様も自分だけのお気に入りの場所、パワースポットをつくられてみてはいかがでしょうか?

行くだけで元気をもらえる場所があるというのは、とても幸せなことだと思います。私にとってのお気に入りの場所は、各地にまだまだ沢山ありますから、日々驚きと発見のある楽しいお出かけは、しばらくやめられそうにありません。

2　自分用のラッキーアイテム　とにかく靴が好き

素敵な靴は、素敵な場所へ連れて行ってくれる

私の大好きな映画に出てくる台詞。少なくとも私にとっては本当にそのとおりで、私にとってのラッキーアイテムである「素敵な靴」を履いているときは、必ず素敵な場所に辿り着けると信じています。

私にとっての素敵な場所とは、気の合う素敵な仲間と出会える場所。もう楽しいこと以外ある訳がないという程に約束された幸せな空間がそこにはあります。

いつも新しい特別な出会いに恵まれるときには、素敵な靴を履いていることがとても多いので、靴を買う買わないは別として、この靴を選んでいる行為やその時間がいつもご褒美のようにとても幸せです。

よく周囲で素敵なお洋服や靴を見つけたときに、「欲しい。でも着ていくところ（履いていくところ）がないから諦めよう」とせっかく気に入った商品に出会えたのに、着る機会がないからと購入すること自体を諦めることがあると聞きます。

それを聞くと私は、とても残念な気持ちになってしまうのです。これ実はこの発想そのものが逆で、素敵なお洋服や靴を買うと、それを着て出掛ける場所が不思議とできるものだと私は思っています。

現に、私は（私の場合はですが）可愛い靴を購入したら、素敵な場所に出かける予定がいつもほぼ購入と同時に入ります。

もしも貴女が今、素敵なお洋服や靴を買おうかどうかで悩んでいたとしたら思い切って買ってみてはいかがでしょうか？　散財にならない程度に買ってみて、その後着ていく機会ができたならこんなに嬉しいことはありませんよね？　まるでお告げでもあって準備したかのようにパズルのピースとピースがぴったりハマる出来事が長い人生の中では時々起こるようにできているのだと私は思います。

ただし、ここで気をつけていただきたいのは、年齢を重ねる毎に何もしなければ、変化していく体型です。その素敵なお洋服の似合う体型を維持し、楽しい時間を過ごすためには、それなりの努力も必要だと思います。

いきなりは無理でも小さなことからコツコツと、地道に努力すれば結果は随分と変わってきます。美は一日にして成らずです。本当の美しさとは、内からも外からも滲み出るもの。特に知性は、身体から所作として溢れでるもの、即ちそれが「品」と言われるものだと私は思います。

ラッキーアイテムを身につけ気を引き締め、内側からも外側からも輝く人を目指しましょう。

3　疲れているときはすべてをシャットダウン

疲れているときはとにかく眠る

「昏睡状態なのでは?」と心配されるほど、一度身体がオフラインになると疲れが取れるまで私はとにかく眠ります。

普段は割とショートスリーパーなのですが、コンを詰めて作業し過ぎた後ですとか、何かが一段落した後には、身体もホッとして解《ほぐ》れるからでしょうか、なんと丸3日眠り続けたこともあるほど、本当にとことん眠ります。

何かをリセットするには睡眠が一番ですので、家族や周りの方には少々心配されますが、眠りから覚めた後の本人は至って元気で、思考も身体も、内臓もそのすべてがめちゃくちゃすっきり回復しています。

絶食をすすめている訳でもないのですが、普段の私はよく飲み（お酒好き）よく食べる（大食いではないが）ので、それなりに内臓に負担をかけ酷使している自覚があります。

ですからとにかく寝ることに徹底する際には同時に、そのすべてを（特に内臓）を休ませるという特別な目的もあります。この時間を気にせずひたすら寝る行為は、家族の協力さえ得られれば世のママさんたちにもぜひ試してほしいくらいの身体的、精神的効果が得られるので、普段頑張っている人こそしっかり休んでほしいと心から思っています。

正直、ママの忙しさは尋常ではないですし、普段から休憩なしのノンストップで働き続けなければならないことがほとんどです。

いつだって予測不能なことにも対応しなければならないのがママなのです。私もそのうちの１人なので、その大変さが凄くよくわかります。

だから、まず世のママさんたちから、もうこれ以上眠れなくなるくらいにしっかりとたくさん寝てみてください。疲れが取れると、もっともっと人にも自分にも優しくなれますよ。たまにはすべてをシャットダウンして、身体をオフラインにして蓄積された疲れをちゃんと取り除きましょう。

4　頭を空っぽにする習慣を持つ

時には頭を空っぽにして「やらなければならないこと」からの解放

時々、頭を空っぽにして、何にも考えない時間をつくり、ボーッと過ごしてみるのも健康にはとてもよいと思います。今は世の中に情報がたくさん溢れており、意識していなくても私たちは、どこからでも情報が入ってきてしまう情報化社会の中で暮らしています。

言うならば、意識して情報を遮断しない限りは常に情報に曝されている状態にあるということになります。それでいて無意識に情報過多になってしまって脳がパンク状態にあるのは、余りにも不健康ですので、私は普段から頭を空っぽにする習慣を持ち、そのための時間をつくります。

時には旅行に行って環境を変えて物理的に非日常をつくり、情報をシャットアウトするのも然り、音楽を聴くためではなく外からの音を遮断するためにヘッドフォンをして過ごすのも然り、外からの情報に振り回され無意識に自分自身で「やらなければならないこと」を創り出してしまうのをまず防ぐようにしています。その上で、私は何にも考えない「無」

の時間を楽しむようにしています。

最近特に増えてきているのが、無自覚に普段から生き急いでいるからなのでしょうか？休みの日に何をして過ごせばよいのかがわからないと相談されることがあります。

実はコレ、私は割と末期症状だと思っているので、聞いていてとても心配になってしまうのです。いつ、何時もやらなければならない「やらされ仕事」に追われて、自分が本当は何がやりたいのか、何をやっているときに幸せを感じられるのかが、自分のことなのにわからないなんて、本来あり得ないことだと思います。

元気の前借りも、自分の心を無視するのもどちらもよくないですし、不健康なことだと思いますので、指示待ち族になって誰かから指示されるのを待ってから行動するのではなく、自分自身が無我夢中で楽しめることに没頭する時間をつくり、時折自分を解放してあげる癖づけをしておきましょう。

最終的に自分を守れるのはあくまで自分自身です。そのことを自覚し、時には心と身体を解放し、いつでも元気で健康な状態を保ちましょう。

「やりたいこと」を全力で楽しむことは決して悪いことではないです。あなたの幸せはいつもあなたの中にあるのですから。

5　目標と仲良くする

目標を３Ｄ化し具体的に

私は目標設定をする際に、具体的な風景、その場の匂いまでを感じられるくらいに頭の中でのイメージが現実味を帯び、３Ｄのように浮かび上がってくると、物事が思ったとおりにスムーズに動き始める気がするので、自分の気持ちがより入りやすくなるよう何でも具体的に考えるようにしています。

目標の設定も同じで、私自身がより身近な出来事として感じられるような表現方法を用いて、一度は書き留めるようにしています。書き留めた後は、その紙をなくしても捨ててしまっても、全く問題ありません。書き出した紙が重要な訳ではなく、あくまでここでの書き出す行為において重要なのは頭の中を整理することです。

単純な行為ではありますが、目標を視覚化することにより、目標をより身近に感じ、その目標が決して自分とかけ離れた存在ではなく、むしろ親しく近しい存在だと理解させるのが私なりの目標を早く叶えるコツです。

仮に、自分が立てた目標と自分との間に何となくでも見えない壁があって、その目標が叶えられる気がしますか？　私はそうは思いませんので、目標とあらかじめ仲良くするよう心がけています。

例えば、次のようにイメージします。

・五月○日
・○○のお仕事で起業し
・記念のお食事会は○○のお店で
・○色のお洋服を着て
・○○関係の人と会う等

目標を具体的に設定すればするほど、頭の中でよりリアルにイメージできるので、その目標のゴールに向かって最短で必要なこと（物、場所、行動）が明確に浮かび上がってきます。後はそれを自分の設定した期日までに終わらせるのみです。

やりたくないときに無理して頑張っても、私は情熱を燃やすことができず、精度が上がらないのでやりたくない日は特に無理せず、本能に従いお休みします。

「やらされ仕事」では、全く楽しくありませんので、長くは続きませんし、我慢して続けることで心身共に蝕まれてしまうのは会社員時代に充分経験してきましたので、今は絶対に無理をしないという選択をしています。

実は自分が選べる立場になるということも、私自身が最初に目標にしたことの1つです。

こうやって目標が1つずつ叶えられていくのは爽快で、具体的な目標設定さえすれば、何が今必要なのかが見えてくることを、私は今、日々実感し毎日を楽しんでいます。

6　解釈を変えてみる　変則的解釈のススメ

視点を変えてみると、世界が変わる

よく「視点を変えてみると、今まで見えていた世界と違って見える」なんて聞きますが、私はそれは視点に限らず色々なことに共通して言えると思うのです。

解釈も然りで、例えば1日は24時間ある訳なのですが、これを「24時間もある」と捉えるのか、はたまた「24時間しかない」と捉えるのかで時間の使い方がまるで変わってくると思うのです。

前者は時間を有意義に使えそうなポジティブな発言に聞こえるのに対して、後者は時間

が足りないことを呟いており、ネガティブな発言をしている印象を受けないでしょうか？

解釈のアンテナの角度を少し変えるだけで、受け取る側の印象が随分変わるのは不思議ですよね。たまに、素敵なお洋服を着ていらっしゃるので、純粋に「素敵ですね」と私の素直な気持ちをお伝えしたところ、「何それ嫌味？」と切り返して来られる方がいらっしゃいます。これもおそらくその方の中で嫌味を込めて、その言葉を発しているからこそ、同じ言葉でもそのように頭の中で自動的に捉えられてしまうのかな？　という風に私には受け取れてしまいます。

できれば皆さんには、すべてを肯定的な意見として受け止めていただき、わざわざその裏の裏まで考えるような面倒なことはせず、シンプルに生きてほしいなと思っています。

ただし、悪意をぶつけてくる人に関しては、一切取り合う必要はありません。悪意だって、宅配の荷物と一緒です。受取人が受け取らなければ、差出人に返されます。

悪意もそのまま発した方のところまで返っていただければよいだけなのですから、よい評価は素直に受け入れても、悪い評価やあなたを傷つける発言をわざわざ拾いに行く必要はないと思います。

なぜなら、あなたは人生を満喫し幸せになるので既に手一杯なのですから、余計なことにはこだわらなくても全然大丈夫なのです。

7 ボディケアとメンタルの関係

自分に気を遣えない人が、他人に気を遣える訳がない

あくまで持論です。ですが、十中八九当たっているとも思っています。どんなにお金を持っていても、見栄を張っている人でも、着飾っている人でも、自分に自信満々な人でも細部まで神経を張り巡らして気の遣えている人は本当に一握りだと思っています。

私は幼少期よりクラシックバレエの世界にいました。ですので、全身に神経を張り巡らし、見られていることを意識して生活することに対し、なんら抵抗はありません。だからといって、それを皆さんにすすめているのではなく、今回は気の遣い方についてお話できればと思いました。

実は意外と見られている

第一印象の「はじめまして」の数秒で8割が視覚より入る情報で、その人の印象が決まっ

てしまうという統計が出ています。

実は、意外と見られていたりするのが、耳、歯、爪、手、肌状態と髪の毛の艶。詳細のわからない相手から情報を得るのに手っ取り早く、見た目で判断することは実際にあると思います。

造形の美しさは、個人の好みが左右することですので、ここであえて触れるつもりはありませんが、清潔に保たれているか否かだったり、ケアされているかどうかは判断の材料になるかなと思います。

実際に、電車内で大声で大騒ぎをされているような他人に迷惑をかけていても全く気にしない人たちに注目すると、耳がとても汚れていたり、爪が汚かったり中途半端に伸びていたり、シャツがだらしなく見えたり、例をいくらでも挙げられるほどにその特徴は酷似しています。

所作もどちらかと言うと、横柄で粗野、とても他人を敬えそうには見えないところも特徴の１つだと思います。人間観察が趣味の視力２・５の私は、そのような人を見かけたときにはしばらく追って行動をリサーチしてみますが、やはり他人にぶつかっていっても謝ることなどしません。

逆に、特に高価なものを身に付けていなくとも、その立ち居振る舞いや佇まいからその方自身、とても手の行き届いた印象を受ける方は、やはり同じ電車内で見かけても他人に対する態度が前者と比べて、１８０度明らかに異なっていることが多々あります。

足の不自由な方がその場にいたら一番に席をさり気なく譲ってみたり、押しつけではなくスマートで、皆一様に自分に気を遣えている人ばかりの印象を受けてしまいます。

両者の違いは同じ時間でも、その限られた時間の中で自分をメンテナンスするための時間を割けるか割けないかにより、心の余裕のあるなしが反映されているような気がします。卵が先か鶏が先かはどうでもよく、余裕のある人になりたければ、まず自分自身をお手入れする時間を確保し、実際に行動してみるのもよいと思います。

私も、お金よりも時間をしっかりとかけて日々メンテナンスしています。それは、自分自身と向き合うことでもあり、定期的にメンテナンスすることで、些細な体調や身体の変化にも気づくことができるからです。

私は世の中の医師という職業を尊敬しています。しかしながら、かかりつけ医以外の方が初見の診察で私より私の体調に詳しいこと自体がナンセンスだと実は少し思っています。

私は自分の体調管理くらい自分でしたいですし、いざというときの不調にいち早く気づけるセンサーを研ぎ澄ませ、治療よりも予防しながら健康に生きたいと思っています。

それも私が自分自身に気を遣うことをオススメする理由の1つです。

自分自身をこれまで以上に大切にすることで、自分以外の存在を尊重し敬い大切にする「心の余裕」ができれば、なお素晴らしいことだと思います。

8　愛されるのが苦手な女神たち

本当は愛されたいのに、愛されるのが苦手な女神たちへ

愛されたいなら愛され上手な自分になるため、まずはシンプルだけど自分を認めることが大切だと私は思います。

生きていればそれなりに多かれ少なかれ、あなたの自尊心が傷付けられるような出来事もあったでしょう。そんな出来事に遭遇したとき、一度は「なるほどな」と1つの意見として、その方の意見を認めたとしても、すべてを肯定し受け止め、それが自己否定へと繋がってしまい、その出来事に引っ張られながら生きるのは間違っていると思います。

なぜならその人は、あなたのすべてを把握しているわけではありませんよね？　もしかしたらあなた自身がまだ自分の魅力に気づいていないのに、第三者にあなたの魅力のすべてが伝わっているとは私には到底思えません。

たしかに客観的な立場から意見してもらえる点では、第三者の見解はとてもありがたいものなのですが、だからと言って、すべてを受け止める必要は私はないと思っています。

「私なんて……」と思っている今こそチャンスです。

●自分のやりたいことに自己投資すること
●やりたいことが見つかったら本気で取り組むこと
●生きてこその精神を忘れないこと
●人から与えられるより先に与えること
●人に期待しないこと
●理解してもらって当然と思い上がらないこと
●相手に気持ちを伝える努力をすること
●間違えたら、すぐに間違いを認め謝ること
●失敗しても、すぐに諦めないこと

●反省はしても後悔はしないこと
●精一杯楽しむこと
●声を出して笑うこと

これらが愛され上手な自分になる近道ではないかと思います。

稀に「私には愛される資格がない」と仰られる方も出てきますが、そもそも愛されるのに資格など必要なのでしょうか？

資格が必要ならば、私が幾らでも５００円（税込）ですべての人に発行しますよ（笑）。

私個人の意見として、愛されるのに資格はいらないけれども、愛されるには愛されるなりの「理由」はあるかもしれないとは思うことがあります。

魅力的だから、楽しいから、落ち着くから、安心するから、居心地がよいから等を理由に愛され上手な人は、総じてそれこそ上手に愛されているように見えます。

また素直さに欠ける人の中には「人付き合いが面倒だから嫌われたいの」という割に実は承認欲求が高かったり、「人とは関わりたくない」という方に限って、他人に依存する傾向が強かったりと本来持っているもの（自分の個性）に蓋をしようとするから、逆に心が疲れてしまっているように見える方も中にはいます。

おそらく過去の何らかの経験で深く傷ついたことにより、もしかしたらこれらの発言は自分が傷つきたくないがために、心を守る盾となっているのかもしれないと私は思っています。

でも、いいじゃないですか、あなたはあなたで。

過去に同じような状況になったことがあるから、今回も傷ついてしまうだろう。だからと言って自分の思いに蓋をし続けてしまったら、それこそまっすぐ成長して綺麗な花を咲かせることができなくなってしまいます。

似たような状況になっていたとしても全く同じことが起きる保証がない限りは、過去の自分が辛い思いをしたからといって、今の自分までもがそのときの悲しい思いをした自分に引っ張られることのないように、めちゃくちゃ笑顔のあなたを想像して、未来を創造してほしいです。

未来がハッピーエンドにさえなれば、過去の苦労話も、悲しい思い出話も、あなたの素敵なストーリーを語る上で、ただの物語の序章にすぎなくなります。

悔しかったら、絶対不幸になんかなってはいけません。

９　トイレの神様の話

トイレに神様はいるのでしょうか

「運気を上げたければ、トイレ掃除をするのがよい」とよく耳にしますが、実際のところはどうなのでしょうか？

最近Ｕ（ウンチ）にまつわる出来事が身近でたくさん起きているので、少しお話してみることにします。

駅のトイレでの不思議な出会い

駅のトイレを利用した際、不思議なことがありました。個室のドアを開け中に入ると便器の横に生まれて間もないであろうＵがこちらを向いて佇んでいました。完全なＯＲです。「あなたはどこから来たの？」と私は思わず呟きました。そこには確かにＵがいます。

つまりはＵの生みの親がいたはずなのに、可哀想なＵはひとりぼっちで冷たいトイレの床の上に転がっていたのです。私は「お友達のところに返してあげるね」とＵを床から拾い上げトイレに流しました。

生まれたときに重力で圧がかかったのか、トイレの床の目地にはUの一部が残って居ました。仕方ないので、そちらも寂しくないように綺麗に採って流しました。床に散らばったトイレットペーパーの芯やトイレットペーパーの切れ端も集めて捨て、満足したのか用を足すのを忘れ、その場を後にしました。

考えてみれば、これがトイレ掃除でいうところのアウェーデビュー戦になったのだと思います。

以来、似たような場所にどういうことだか呼ばれるようで、ゴミや汚物で散乱したトイレに遭遇することが増えました。もしかしたらトイレの神様が私を呼んでいるのかも知れません。

自宅の敷地内で人糞投棄事件

平穏な昼下がりにそれは起きました。

お隣さんがインターホン越しでもわかるくらいに狼狽した様子で「お宅の敷地内が大変なことに！　すぐ確認してほしい！」と言うのです。

これが令和3年3月29日発生、「3月の肉29の日森本家敷地内人糞投棄事件」の幕開けでした。

敵を知るためには、まず『観察』することが必要不可欠だと思いました。顔を背けたくなるような状況でも逃げてはいけないのです。私は臆することなく隅々まで観察しました。大中小のU（ここではあえて「あなた」と呼ぶこととします）は、こんもりと自宅裏に盛られており、まるで「あなた」いっぱいでできた小さな山のような物がそこには完成していました。

敷地内なのに臭いで気づくこともなかったため、数日の間に投棄されたようでしたが、大中小の「あなた」はお互いがお互いを潰し合うことなどせず、綺麗な状態の「あなた」のままで型崩れすることなく、それぞれに存在していました。

どのような保存状況にあったのかは不明でしたが、総量30リットルのゴミ袋1袋分の量といい、何と言いますでしょうか、そう、そこに相手の顔こそ見えませんけれども「パッション」すら感じました。

すぐに被害届を出しましたので、警察の方々に現場の確認もしていただき、以来毎日警察署の方にパトロールを強化していただいておりますが、迷宮入りしそうな予感（人糞ゆえにニオイ）がします。もしかしたら引き寄せの法則で「駅のトイレでの1件」以降成仏したい「あなた」が私の周りにたくさん集まってきているのでしょうか？

もしもトイレの神様がいらっしゃるのなら、教えてほしいです。私に何を期待されているのでしょうか？　開運間近なのでウンが寄ってきているだけなのでしょうか？　それとも……。

今日も私は、トイレを掃除します。そこに汚れているトイレがある限り、私は決して逃げたりはしません。キチンと面と向き合い、毎日快適過ごせるように、これからも清掃に努めてまいります。

だって、もしも「トイレの神様」がいるのなら、より快適な場所を提供されたほうがきっと嬉しいはずです。何で今まで気がつかなかったのでしょうか？

余談になりますが、以来サービスエリアで立ち寄った先で見かけたお土産屋さんの「かりんとう」がそれに見えて食べられなくなりました。特に濡れかりん糖を見るとドキドキしてしまいます。

あとがき

私の経験談を共有することにより、少しでも皆さまの人生を明るくするお手伝いができればと思い、その想いをぎゅっと凝縮させ誕生したのが今回の本書です。

本書のタイトル案で悩んでいたところ、「掃き溜めのようなところで事務員をしていた女が先生（作家）になるまで」（町田和奏さん意見引用）等に象徴されるよう、実際に劣悪な環境下で一生懸命会社に尽くしたところを周りが把握していたとしても、会社がその部分を評価し、尽くし返してくれるとは限りません。

人財だ宝だと言われて、入社した会社ですらそうなのですから、まずお互いが満足し相思相愛の状態でいることは限りなく不可能だと私は自らの体験から思っています。

最終局面では人間性が出ますし、自己防衛のためなら人間は平気で嘘をつきます。信頼し、味方だと思っていた産業医でさえ恫喝したりするものなのです（経験者は語る）。

「高圧的な人は生物としてのレベルが低い！」と聞いたことがあるのですが、私は社会の縮図をそこに見ました。

だからこそよく耳にする正直者が馬鹿を見る（例えばアイデアを盗まれた挙句、梯子を外され酷い目に遭うなど）ことのないような社会づくりに私は、貢献したいと思っています。

いつもいつも反発する必要はありませんが、やられっぱなしもよくありませんし、「お前に何ができる？　できるものならやってみろ」と言われたのなら、諦めないで何でもやってみればよいと思います。

以前の私と同じでゴールの見えない状況に置かれ、八方塞がりで苦しんでいる人がいるのならば、その人のために私は逃げ道をつくってあげたいです。その人がもしも希望を失ってしまったのなら、一緒に模索して新しい希望を見つけてあげたいとも思います。

辛く悲しい思いこそしましたが、私は運よく未だ生きています。よく「そこまで酷い目にあって恨んだりしないの？」などと聞かれますが、私は誰も恨んでいませんし、むしろ当時私一人を追い込まなければならなかった、その状況にいらした方をとても憐んでいます。

「皆何かしらの被害者で、正しい判断ができなくなっていただけなんだ」と私なりの解釈をしています。そうでなければ目の前に苦しんでいる人がいるのに、手を差し伸べることすらできないなんて、人としてあまりにも哀れすぎます。何も知らなかった子どもの頃と変わらず、目の前に蹲っている人がいれば、「大丈夫？」と当たり前に声をかけられる私でいつまでも、これからもいたいと思っています。

人として生まれ、人として生き、人として朽ちる。自分自身が恥ずかしくない生き方、そして美しい人生の幕引きこそが、私の目指す人生の在り方なのです。

森本レイラ

著者略歴

森本　レイラ（もりもと　れいら）

1978年生まれ、岡山県倉敷市出身。

２回の結婚と離婚を経て、４児のシングルマザーとなる。

元バレリーナ・モーターショーのMC、大学病院での看護助手を経験し、マタハラ・セクハラの温床であったブラック企業を経験した後に退社、現在は高齢者向けオンラインサロン経営、心理カウンセラーの傍ら、後世のために優しい平和的活動をライフワークとしている。趣味は人生を楽しむこと。


絶対に諦めない!

ないものだらけのシングルマザーの復活劇

2021年７月26日　初版発行

著　者　森本　レイラ　

発行人　森　　忠順

発行所　株式会社 セルバ出版
〒113-0034
東京都文京区湯島１丁目12番６号 高関ビル５B
☎03（5812）1178　FAX 03（5812）1188
http://www.seluba.co.jp/

発　売　株式会社 三省堂書店／創英社
〒101-0051
東京都千代田区神田神保町１丁目１番地
☎03（3291）2295　FAX 03（3292）7687

印刷・製本　株式会社丸井工文社

Printed in JAPAN
ISBN978-4-86367-677-0